台灣之「國」

李筱峰 著

自序

本來，我這本小書的書名要訂爲「『國慶』、『國旗』、『國歌』、『國號』、『國軍』、『國語』、『國父』，台灣人知多少？」，但是想了想，好像沒看過有這麼長的書名，萬一朋友問我最近出了什麼書，光是講書名就沒完沒了，於是決定簡化書名，把「國」字留著，書名就叫「台灣之『國』」。原訂的書名就作爲點題，也好說明此書的主旨。

或許有人要問我，列了這麼多有「國」字的名詞，難道我們的「國慶」、「國旗」、「國歌」、「國號」、「國軍」、「國語」、「國父」有什麼問題嗎？有何不對勁嗎？要回答這個疑問之前，就要先反問：「我們」是誰？

如果「我們」是「黨國教育」所吹嘘灌輸的「中華兒女」、「炎黃子孫」、「巍巍的大中華」、「龍的傳人」……，還酣睡在所謂「秋海棠」的夢境中，那麼，大概沒有人會懷疑我們的「國慶」、「國旗」、「國歌」、「國號」、「國軍」、「國語」、「國父」有什麼不對勁；但是，如果「我們」是立足於台灣，堅定民主自由人權法治價值，腳踏實地認同民主國家的現代公民，那麼，我們現行的「國慶」、「國旗」、「國歌」、「國號」、「國軍」、「國語」、「國父」就大大有討論的空間了。

一九四九年底，中華民國的中國國民黨政權面對中國共產黨的革命，全面潰敗，逃離原來號稱「秋海棠」的領土，退入台灣。三個多月後的一九五〇年三月十三日，重新復出的蔣介石在陽明山莊演講〈復職的使命與目的〉時，坦言：「我們的中華民國到去年終就隨大陸淪陷而已滅亡了，我們今天都已成了亡國之民。」（見國防研究院一九六〇年版《蔣總統集》第二冊）

中華民國雖然滅亡了，但是逃到台灣的蔣介石的國民黨流亡政權仍拿著「中華民國」的名號在台灣繼續統治。這個「中華民國」的名號，就繼續在台灣使用至今。

我們若以台灣爲主體來思考，則台灣的「國慶」、「國旗」、「國歌」、「國號」……，其實是沿用著那個蔣介石所說的「已滅亡了」的國家的「國慶」、

「國旗」、「國歌」、「國號」……。換句話說，這些都是流亡政權的符號，而且其內容還蘊含著「一黨專政」的意涵。

其實，台灣自一九四九年底以後，與中國（中華人民共和國）之間就形成兩個各自發展的政治實體（political entity），台灣這個政治實體，其實是在中華人民共和國之外獨立存在至今。如果我們認為繼續以流亡者的體制與符號發展才是正常，我將無言以對。否則，我們有必要對現行的所謂「國慶」、「國旗」、「國歌」、「國號」、「國軍」、「國語」、「國父」做全面的理解與檢討。目的無他，希望台灣能以正常的現代民主自由國家走進世界，不要以中國流亡政權的性質，最後被併入專制中國。

這本小書對現行所謂的「國慶」、「國旗」、「國歌」、「國號」、「國軍」、「國語」、「國父」提出歷史的追蹤、理解與檢討，也提出變革改易的方案與討論。

至於最後該如何變革改易？本書沒有最後的答案，最後的答案應由台灣全民公決。

目次

「國慶」篇

一九一一年十月十日，滿清帝國統治下的湖北省武昌爆發革命，革命軍佔領武漢。數天後，約有二十省份也紛紛宣布獨立，滿清政府窮於應付，終告退位，中華民國於焉誕生。這段從小讀到大的「辛亥革命」歷史，許多人已經可以倒背如流，但是有許多人卻從未意識到，辛亥革命爆發的時候，台灣並不是中國的領土，而是日本統治下的殖民地。因爲當時台灣早已經被滿清帝國在一八九五年的《馬關條約》中永久割讓給日本，成爲日本的殖民地，並不屬於中華民國。儘管中國辛亥革命時有零星的極少數台灣人（如翁俊明等）參加同盟會，但是實際上辛亥革命與台灣的因緣極淺，易言之，台灣並沒有參與中華民國的建國。試想：日本怎麼可能容許其殖民統治下的台灣去參加隔壁國家的建國？

「中華民國憲法草案」所規定的固有領土不包括台灣

如果不信，請問：如果台灣有參加中華民國的建國，爲何中華民國憲法的前身「五五憲草」所列出的中華民國領土不把台灣列進去？

中華民國憲法的前身，亦即一九三六年五月五日明令宣布的「中華民國憲法草案」（所謂「五五憲草」）有關領土的規定（第四條），以明列方式清楚地記明如下：「中華民國領土為江蘇、浙江、安徽、江西、湖北、湖南、四川、西康、河北、山東、山西、河南、陜西、甘肅、青海、福建、廣東、廣西、雲南、貴州、遼寧、吉林、黑龍江、熱河、察哈爾、綏遠、寧夏、新疆、蒙古、西藏等固有疆域。」從條文中，我們發現台灣並沒有被列在其「固有疆域」中。而早已獨立的蒙古，以及在日本操控下的東北（滿洲國），卻都列在其領土中。足見，此時的中華民國並未認定台灣是其領土。

那個原本沒有包括台灣的中華民國，到了一九四九年底面臨一場共產革命而崩潰，其流亡政府逃退到原本沒有參加其建國的台灣來。原本沒有參加中華民國建國的台灣，卻成爲掛名中華民國的領域。怪不得一九五〇年三月十三日，蔣介石在陽明山莊演講〈復職的使命與目的〉時會坦白說：「我們的中華民國到去年終就隨大陸淪陷而已滅亡了，我們今天都已成了亡國之民。」（見國防研究院一九六〇年版《蔣總統集》第二冊）。這個被蔣介石宣稱已經滅亡的中華民國的名號，被國民黨統治集團拿來台灣繼續使用，成爲今天台澎金馬這個政治實體的國號。

然而從一九四九年底之後，掛名中華民國的實體，與原來在一九一二年建立的中華民國，其實是完全不同的。政治學 ABC 告訴我們，構成國家的要素包括土地、人民、主權、政府。從一九一二年建立的中華民國的土地和人民，與一九四九年底之後掛名「中華民國」的土地和人民，完全不同。原來一九一二年建立的中華民國，在一九四九年之後變成中華人民共和國和蒙古國；而原來不屬於中華民國的台灣、澎湖，卻在一九四九年底之後，掛名叫作「中華民國」，這是世界罕見的怪象。下頁的簡圖，可以一目瞭然。

一九一二年建立的中華民國並沒有包括台灣，而戰後的台灣雖由中華民國的軍隊與政府接管，但實際上那是代表盟軍的暫時軍事接管，尚未透過正式國際條約（對日和約）完成正式領土的轉承交接，而中華民國就在一九四九年底「隨大陸淪陷而已經滅亡了」（蔣介石語）。所以，儘管已經滅亡的中華民國的流亡政府，在台灣借殼上市，掛著中華民國國號繼續統治台灣，但是中華民國只是名存而實亡。

一個已經結束的國家的國號、國旗、憲法、體制，拿到一個沒有參與其建國的領域來使用，這無論就台灣或就中華民國來說，都是不正常。這也

一九一二～一九四五年的中華民國

一九四九年以後的「中華民國」

兩個中華民國

註：本頁圖所謂「一九一二～一九四五的中華民國」的範圍，起碼是中國國民黨史觀下的範圍，過去俗稱的「秋海棠」。但實際上在這片領域中，若要細究其內部變化，還有複雜的史實：

（1）一九二四年外蒙古在蘇聯的支持下宣布脫離中華民國而獨立，成立「蒙古國」。（2）一九三二年三月一日～一九四五年八月十八日有「滿洲國」。（3）一九三三年「新疆」宣布成立「東土耳其斯坦伊斯蘭共和國」。一九四四年，維族在蘇聯支持下成立了「東土耳其斯坦共和國」。（4）一九三三年閩變，由陳銘樞、李濟深等中國國民黨黨內反蔣左派及十九路軍，在福建建立中華共和國，首都福州，其領域包括福建的大部分。（5）一九一二年～一九四九年，「西藏」處於不受中華民國政府控制的狀態。一九二七年五月，蘇聯也通過外蒙古代表團與西藏政府談判，試圖與西藏建立「外交關係」，並曾於一九二八年派遣蘇蒙聯合代表團訪問拉薩。一九四二年，西藏政府設立外交局。

是爲什麼民進黨過去曾經要討論「正常國家決議文」的道理。

然而當年民進黨提出「正常國家決議文」時，國民黨馬英九們不敢面對現實，卻回應說「我看中華民國沒有什麼不正常」。一個已經結束的國家的國號、國旗、憲法，拿到一個沒有參與其建國的領域來使用，這種「國家」乃地球上罕見，還認爲「沒有什麼不正常」，這種頭腦也眞是「不正常」。

無怪乎自一九四九年底之後掛名叫作「中華民國」的台灣，被學者 **Ronald Weitzer** 列入所謂 Settler State 之列。這個名詞，中研院的張茂桂教授把它譯爲「遷佔者國家」。遷佔者國家是指「由支配原始住民的新移入者政權所建立的國家」。[註]

所以國民黨流亡來台後，每年所慶祝的雙十國慶，其實是一個已經滅亡的國家的國慶，這如同替一個已經過世的人慶祝生日一樣好笑。

兩蔣時代慶祝「已經滅亡」的中華民國，可以理解，因爲他們宣稱要中興復國；但是號稱本土政權、宣稱要使台灣成爲一個正常國家的民進黨政府，還在慶祝這個已經滅亡的國家的國慶，還在爲這個「遷佔者國家」背書，實在令人啼笑皆非。

也許民進黨政府有其苦衷，因爲歷史的轉型不是一朝一夕可以完成。目前受國民黨黨國教育洗腦的民衆還很多，如果頓然停止過去這個遷佔者國家的國慶，恐怕那些抱持舊意識形態的人會和美國當年許多不習慣當主人的黑奴起來反對林肯解放黑奴一樣。不過試想，藍營集團過去喊著效忠中華民國，現在卻和那個消滅中華民國的中華人民共和國當局眉來眼去，礙到他們就立刻讓中華民國的名號和國旗消失無影，那麼，我們又何必那麼熱中慶祝「中華民國國慶」？

歷史發展至今，讓我們台灣人感到矛盾又尷尬的是，我們所慶祝的國慶，原來是一個已經結束的國家的國慶。更好笑的是，國民黨馬英九們既然認爲中華民國很正常，那麼認爲中華民國不正常的民進黨政府還在替中華民國慶祝國慶，國民黨理應高興才對，照理說，號稱要效忠中華民國的人，

註：關於一九四九年以後的台灣被列為「遷佔者國家」（Settler State），有不同的看法，如家博（J. Bruce Jacobs）認為台灣不是 Settler State，因為台灣還有長期的漢人與原住民族的關係，不是單純的戰後新移入者支配原始居民而已。

應該很高興看到民進黨政府還在慶祝中華民國國慶才對，沒想到陳水扁主政時，一群號稱認同中華民國的藍色政客與民衆卻反而在「中華民國國慶」慶典上出來鬧場，在許多外賓面前獻醜。人家在供奉他們的神主牌，他們不知感謝，卻起來杯葛鬧場。政客之無恥與無理，莫此爲甚；而盲目的民衆，還跟著政客亦步亦趨，也眞是可憐又可悲。蔡英文在慶祝「中華民國國慶」時，雖然沒有再鬧場，但許多藍營政客卻不參加，而另外自行舉辦升旗典禮。

於此看來，他們說多麼認同中華民國，很難讓人信服。

藍營還有一種邏輯，他們常會質問綠營：「不認同中華民國，爲何要選中華民國總統和立委？」我的回答很簡單：綠營還願意在舊體制內來改革體制，藍營卻不高興，難道要他們採激烈的革命手段來推翻舊體制，他們才高興？

「國歌」篇

二〇〇〇年和二〇〇四年的兩次總統就職典禮，總統府都有發請帖邀請我參加典禮，但是兩次典禮我都缺席。我缺席的唯一理由是，我不喜歡參加有任何必須唱黃埔軍校校訓（或說唱中國國民黨黨歌）的場合。

什麼是「黃埔軍校校訓」？什麼是「中國國民黨黨歌」？答：就是當今的所謂「中華民國國歌」。

在高中以前，我每次聽到「三民主義，吾黨所宗……」的所謂「國歌」時，總是肅然立正，感動不已。但是自從跳出國民黨的法西斯意識形態，了解歷史眞相之後，我的心中不再有「國歌」了。眞有趣，泛藍陣營曾經喊著「沒有眞相，就沒有總統」，我剛好相反——「有了眞相，就沒有國歌」了。

中華民國沒有正式的國歌

今天掛名叫作「中華民國」的台灣，其所唱的所謂「國歌」，不僅不適合台灣，而且也根本不是中華民國的國歌，而是中國國民黨的黨歌。

按現行的所謂國歌歌詞，原係一九二四年孫文對黃埔軍校（國民黨聯俄容共時期訓練黨軍的學校）學生的訓詞。國民黨於北伐完成後，在一九二九年將這段訓詞譜曲，訂爲該黨的黨歌。繼而，國民黨中央於一九三〇年三月十三日決議，在正式國歌未制定前，暫時以該黨黨歌代用。畢竟以黨歌代替國歌的正當性不足，因此一九三〇年五月當時在中國大陸上的國民政府教育部就公佈「徵集國歌歌詞辦法」，公開徵集國歌。但從一九三〇年到一九三六年間所徵得的國歌稿件約六千首，竟無一首適合當作國歌。就在徵集無結果下，一九三七年六月，國民黨中常會就直接選擇自己的黨歌作爲國歌，決議「以現行黨歌爲國歌」，國民政府當月即訓令各直轄機關，「以中國國民黨黨歌爲中華民國國歌」。一九四七年四月，中國國民黨中常會另決議「關於國歌者，在政府未頒訂新國歌以前暫仍照舊」。行憲後的國歌，也是「暫仍照舊」使用中國國民黨的黨歌作爲國歌。

就這樣，這個在訓政時期國民黨一黨專政之下，沒有經過民主程序而以行政命令強迫其人民接受的國民黨黨歌，就這樣僭越成爲「國歌」。更無奈的是，國民黨黨歌在變成「國歌」的過程中，台灣當時並不屬於中華民國轄下領土，而是在日本殖民統治下，因此，台灣與這首黨歌毫不相干。

現在這首黨歌卻只能拿來台灣強行要求台灣住民當作國歌來唱。台灣人所唱的國歌，原來是在台灣以外的地方產生的，而且是一個黨的黨歌，這是世界級的政治笑話！

張惠妹唱黃埔軍校校訓變成「台獨」？

更荒唐的是，其歌詞深奧晦澀，其內容不僅沒有一絲一毫台灣味，即使作爲一個民主國家的國歌，歌詞也極不妥切，例如歌詞一開頭就說「三民主義，吾黨所宗」，分明所謂「吾黨」指的是中國國民黨，這不是強求其他政黨要接受國民黨之所「宗」嗎？這不僅黨國不分，而且是霸道蠻橫。雖然國中國文課本曾經強加解釋說：「『吾黨』與『吾輩』、『吾人』的意思相通，就是『我們』的意思，可以代表全國國民。」這種解釋，如果不是昧於史實，就是爲了迎合政治上的意識形態而強加曲解。因爲孫文當年頒佈這段訓詞的對象，分明是黃埔軍校的學生，黃埔軍校，國民黨黨軍之校也，那是仿效蘇聯紅軍的制度而設立的，因此，歌詞中的「吾黨」所指爲何，還需要強辯嗎？用七、八十年前遠在黃埔的國民黨黨校的訓詞，

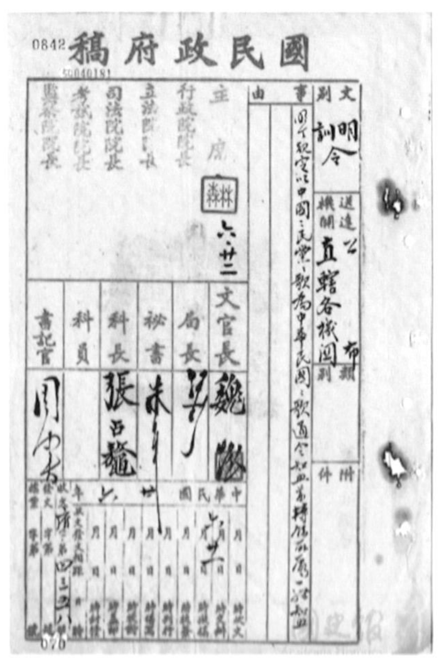

0842 國民政府稿

文別：明令　訓令

送達機關：公布　直轄各機關

事由：國民政府規定以中國國民黨黨歌為中華民國國歌

主席

行政院院長

立法院院長

司法院院長

考試院院長

監察院院長

六·廿三

文官長　局長　秘書　科長　科員　書記官

中華民國

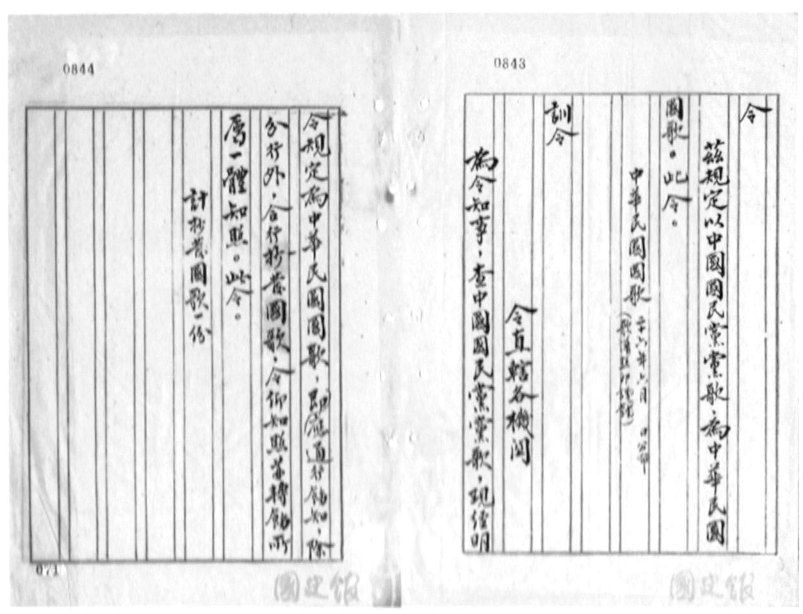

0843

令

茲規定以中國國民黨黨歌為中華民國國歌。此令。

中華民國國歌

訓令

令直轄各機關

為令知事，查中國國民黨黨歌，現經明

0844

令規定為中華民國國歌，即應通行飭知，除分行外，合行抄發國歌，令仰知照，並轉飭所屬一體知照。此令。

計抄發國歌一份

以黨歌為國歌令

要我們台灣的住民當國歌來唱，實在很荒唐！更好笑的是，歌詞中還說「咨爾多士，爲民前鋒」，原本是勉勵黨軍的訓詞，現在卻要全民都當「前鋒」，則「後衛」不就沒人幹了？

記得歌手張惠妹在二〇〇〇年陳水扁總統就職典禮上應邀演唱「國歌」，結果被中國北京當局列入「台獨藝人」的名單，封殺她在中國的演出。這也是天大笑話！唱黃埔軍校的校訓變成台獨份子？中國當局之愚蠢，眞不知何以名之。事巧不巧，黃埔軍校建校（也可以說建軍）的八十週年，二〇〇四年的六月十三日，一大堆黃埔畢業的退役老將軍齊集紀念。會中郝柏村帶頭大罵陳水扁總統背離黃埔精神，他們呼籲國軍要發揮黃埔精神，並大喊「反台獨，反制憲」的口號。

阿妹唱黃埔軍校的校訓被中國指爲「台獨」；郝柏村強調黃埔精神則是要「反台獨」，中國人的政治眞是奧妙！

老將軍們的言行又是一齣笑劇兼鬧劇！按國軍是國家的軍隊，而黃埔軍校是中國國民黨的黨軍學校，要國軍延續黃埔精神，等於是要國軍停留在

黃埔軍官學校訓詞
三民主義 吾黨所宗
以建民國 以進大同
咨爾多士 為民前鋒
夙夜匪懈 主義是從
矢勤矢勇 必信必忠
一心一德 貫徹始終
孫文
中華民國十三年六月十六日

這是孫文頒給黨軍學校「黃埔軍校」的校訓，誰能料到它卻成為今天台灣人唱的「國歌」的歌詞。

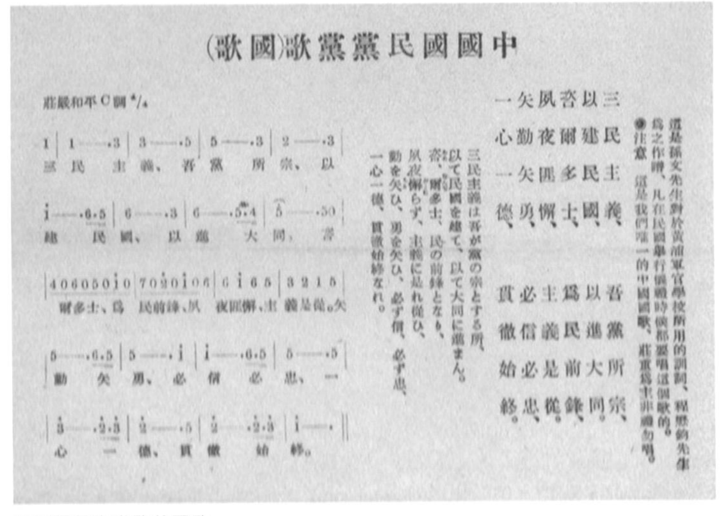

中國國民黨黨歌(國歌)

莊嚴和平 C調 4/4

三民主義、吾黨所宗、
以建民國、以進大同。
咨爾多士、爲民前鋒、
夙夜匪懈、主義是從。
矢勤矢勇、必信必忠、
一心一德、貫徹始終。

三民主義は吾が黨の宗とする所、以て民國を建て、以て大同に進まん。咨、爾多士、民の前鋒となり、夙夜懈らず、主義に是れ從ひ、勤を矢ひ、勇を矢ひ、必ず信、必ず忠、一心一德、貫徹始終なれ。

這是孫文先生對於黃浦軍官學校所用的訓詞、程懋筠先生爲之作譜、凡在民國舉行儀禮時候都要唱這個歌的。
●注意 這是我們唯一的中國國歌、莊重爲主非禮勿唱。

中國國民黨黨歌兼國歌

國民黨黨軍時代，這完全背離軍隊國家化的精神。（詳見本書「國軍篇」）再者，今天黃埔是在中華人民共和國境內，台灣人民納稅建立的軍隊，卻要扯到與台灣無關的黃埔去，真是胡鬧！這種「反民主化」、「去台灣化」的言行，簡直不知今夕何夕！

蔡英文總統唱不唱「國歌」的議題

自從蔡英文總統就職上任總統至今，每逢唱「國歌」的場合，媒體所關心的焦點都是蔡英文有沒有開口唱。全世界大概沒有像台灣這樣，「總統有沒有開口唱國歌？」成爲新聞話題。在正常民主國家，總統當然要唱自己國家的國歌，不唱才奇怪，新聞必定挖掘追究。但是台灣現行的所謂「中華民國國歌」，根本不是眞正的國歌，而是中國國民黨的黨歌。媒體只在乎蔡總統有沒有開口唱「國歌」（尤其在乎有沒有唱那句「吾黨所宗」），卻不在乎這是不是眞正的「中華民國國歌」。如果不是，那不唱又怎樣？要求民進黨籍的總統唱中國國民黨的黨歌，才奇怪哩！這種黨國不分、是非不明的「僞國歌」，媒體不去在乎，不去指摘，卻只在乎小英總統有沒有開口唱，眞是混淆視聽，是非錯亂。

小英爲了平息媒體的議論，她只好妥協開口唱了「國歌」。其實，她可以閉嘴拒唱，然後理直氣壯告訴國人：「這不是國歌，這是中國國民黨黨歌。」當然，要求小英總統如此反應，不符合小英的人格特質。

如果我們眞要推動轉型正義，這種由中國國民黨黨歌所代理的「國歌」，應該早日停止代理。台灣目前還無法正式制憲、正名，成爲法理獨立的正常國家，也因此尙無法制訂正式的台灣國歌。而二〇一六年的大選，小英宣稱以中華民國憲政架構爲前提，既然如此，我建議乾脆就爲中華民國制訂一首正式的國歌，公開向全國（當然是台澎金馬）廣徵詞曲，也藉此凝聚全民共識。有了正式國歌，可免得每次唱「國歌」時，非國民黨人因拒唱國民黨黨歌而引起爭端。此舉不像更改國號那麼敏感，而且也可以考驗國民黨是否眞能拋開黨國不分的意識形態，測試看看中國國民黨黨員、藍營民衆們，到底是眞愛中華民國，還是愛中國國民黨？藍營口口聲聲「愛中華民國」，而今幫中華民國制訂正式國歌，若還反對，不能容忍中華民國正式國歌，那麼我們就心安理得朝制訂台灣國歌（當然要配合制憲正名）

去努力！

不會唱「國旗歌」難過什麼？

除了以中國國民黨黨歌取代的所謂「國歌」之外，我們還有一首「國旗歌」，這是一首歌頌「青天白日滿地紅」旗的歌，通常是在中小學的升旗典禮時播唱。

幾年前（二〇一二年四月中）報載，有一位拉麵店老闆鄭先生，有感於年輕人不太會唱「國旗歌」，特委請徵信社做民調，發現從十五歲到五十歲的六百位受訪民眾中，有75%的受訪者國旗歌唱不全，會唱者只有7.6%，鄭先生對此直呼「很難過」。

我不知道這位鄭先生在難過什麼？這首「國旗歌」表現著「炎黃世冑，東亞稱雄」的政治神話，愈唱只有讓台灣子弟愈缺乏台灣意識而已。愈會唱，表示中了國民黨教育的政治毒素愈深而已，不會唱才好。難過什麼？

可見這位鄭先生受國民黨的「黨國教育」的制約（洗腦）之深。

該難過的是，身爲台灣子弟，卻對台灣的原住民族的傳統歌謠、對台灣客家的傳統歌謠、對福佬語的傳統民謠一無所知，才令人難過。今天，許多台灣學生，不知道我們布農族有傲視世界的「八部合音」；許多學生不知道我們客家的「八音」；許多青年學生半句都唱不出連維也納少年合唱團都要練唱的台灣經典歌曲《雨夜花》、《望春風》。對自己台灣本土的歌謠完全陌生，才該令人難過！

這位鄭先生別以爲你很愛國，你愛的那個「山川壯麗，物產豐隆，炎黃世胄，東亞稱雄」的國土，已經是中共一黨專政下的專制國家；你歌頌的「光我民族，促進大同」的民族，也正飄著五星紅旗，而不是「青天白日滿地紅」旗。你該慶幸我們在台灣過著民主自由的生活。我們要建立台灣主體意識，才能確保我們的民主自由。不會唱缺乏台灣意識的歌，沒什麼好難過的，反而應該慶幸才對！

有人建議以原「國旗歌」填新詞成國歌

相較於以國民黨的黨歌所代理的「國歌」，現行的「國旗歌」反而比較具國歌的性質。但是，因爲它的歌詞畢竟不具台灣主體性，其中像「炎黃世冑，東亞稱雄」字句，更難脫政治神話。因此曾經有人建議，爲求通權達變，不妨採現行「國旗歌」的譜調，填上符合台灣國情的新詞，成爲國歌。一位網友Edwin Chen先生就曾這樣建議：「爲了強化國人的主體意識，只要改一下國旗歌的歌詞」，他試作歌詞如下：

巍巍玉山，浩瀚太平洋，眾人戮力，開創基業。要自立自強，目光要遠放，光我國族，世界名揚。挫折苦難，歷史莫或忘，團結協力，無艱不能摧。堅定信念，維護人權，民主自由，永崇奉。堅定信念，維護人權，民主自由，永崇奉。

這位Edwin Chen先生的歌詞立意很好，可惜歌詞沒有完全押韻。我將之修改如下：

巍巍玉山，浩瀚大洋，眾人戮力，基業開創。要自立自強，要自光遠放，光我國族，世界名揚。祖先艱辛，歷史莫能忘，族群和諧，團結在八方。民主浩浩，自由湯湯，人權法治，永崇尚。民主浩浩，自由湯湯，人權法治，永崇尚。

這只是隨興的嘗試，國人可以多方試作。當然若能有一首正式的國歌，更爲上策。

「地磨兒」國小演唱國歌帶來的靈感

前述小英總統唱不唱「國歌」引起媒體討論，讓我想起小英就職總統典禮上一場別開生面的國歌演唱。

蔡英文總統就職典禮上，一群穿著雅緻醒眼的原住民小孩，用排灣古調作爲引頭和陪襯，演唱「國歌」，嘹亮的歌聲響起的那一幕，許多人驚艷，感動……。我一向拒唱由「中國國民黨黨歌」代理的「國歌」，但我這次感覺截然不同。

這群演唱「國歌」的小朋友，是來自屏東三地門的「地磨兒」國小。就在他們演唱「國歌」的一個月前，我才在該校伍麗華校長的邀約下，參訪了這座小而美的山村小學。從校名、各種佈置設施，到排灣與魯凱小孩的純眞微笑，我早有太多的悸動。所以當他們站到總統府前發出嘹亮歌聲時，我的感動加劇，靈感泉湧。於是我在臉書貼上我參觀地磨兒國小的照片，並寫下如此的感想：

就是這裡——「地磨兒國小」，他們的小孩用南島民族排灣古調來演唱「國歌」。如果不是因為「國歌」實際是「中國國民黨黨歌」，這真是很完美的結合。這個嘗試，給了我們一個很好的靈感——「外來」與「本土」是可以融合的。

我的臉書貼文引起許多臉友的共鳴，其中，排灣語的老師 YC Lee 爲我們做了以下的補充說明：

「這個古調歌詞超棒的，完全不遜中國的詩經或是布蘭詩歌啊！」「國歌領唱排灣語：杜玉蘭瓜樂；和聲編曲：Muni Takivaljt；鋼琴編曲：唐佳君；歌詞（翻譯）／國歌／：qualjaiyui（這是一個榮耀的時刻呀！），kiqau ngi ta i lemas（祈求上天），papupicu li a nga dri（賜下勇氣），papucaqua ni anga ta（與智慧）si rasudan ta kuni（引領她治理這國家）qualjaiyui（這是一個榮耀的時刻！）Qualjaiyui yo hei（這是一個榮耀的時刻！）～hei 間奏一～i ye yo a i ma lu（耆老說：生命要生生不息），la i ye yo la（就要與自然），i ye yo a i i ye yo a i（共融共好）。～間奏二～kelju senasenai a mapuljat（來吧！朋友，我們一起來唱歌）／三民主義／papuljati tua tjavarung（我們齊心用心祈禱）／吾黨所宗／inika pu tisun（不分你）／以建民國／inika pu tiaken（不分我）／以進大同／Kavala nga a tja kinateveteveljan namarasudj saka namaita（我們是被人稱羨的國家，團結又合一）／諮

爾多士 為民前鋒／neka nuri namaya tjaunitjen（沒有人像我們一樣）／夙夜匪懈 主義是從／neka nuri namaya tjaunitjen（沒有人像我們一樣）／矢勤矢勇／neka nuri namaya tjaunitjen（沒有人像我們一樣）／必信必忠／nasuljivatj saka namarekiljivak（和諧又相愛）／一心一德／nasulivat saka namarekiljivak（和諧又相愛）／貫徹／nasulivat saka namarekiljivak（和諧又相愛）／始終／nasulivat saka namarekiljivak（和諧又相愛）

這次「地磨兒」國小的小朋友用排灣古調作爲引頭和陪襯，演唱「國歌」，給了我們很好的靈感，**我們理想的國歌，應該可以將外來與本土結合，同時表現各族群的融合**。果然在我這則臉書貼文之後，就有幾位臉友提出同樣的構想，我挑其中以下二則來分享：

黃永達老師——

這個國小的校名令我流下熱淚……，我想推動我的母校——鳳林國小（出產120位校長的客庄國小）正名為「馬里勿」國民小學。

小朋友唱的國歌若是《台灣翠青》（或《美麗島》）歌詞，排灣語發聲，排灣曲譜曲（或加阿美、布農曲）～我會感動興奮得哭起來……。我倒認為～台灣國歌就用《美麗島》＋《台灣翠青》做歌詞（用台灣三大母語發聲），以排灣、布農、阿美、賽夏、福佬、客家代表曲接續來譜曲……若有，我將天天唱國歌……。

紐西蘭大學高中球隊隊歌＆開場舞大多是毛利人的Haka歌舞。一幕紐西蘭高中學校學生（大多是白人）跳毛利戰舞，來迎接一位因病去世靈車回校做最後巡禮的白人老師，害我每看一次流淚一次……。

楊長鎮（客委會副主委）——

南非白人政權原用「南非的呼喚」為國歌。曼德拉他們的非洲民族議會集會時則唱黑人的聖詩「天祐非洲」為非正式國歌。曼德拉當總統後，先採雙國歌，後來則融合為一，並以多族語言混用。我覺得台灣可參考此例，將《台灣翠青》與現有國歌混融，再以多語混用。目前並無國歌法，創作一首大家願意一起唱的國歌，

值得努力。（其實我每次唱台灣翠青都改成客語）

總之，「地磨兒」國小帶給我們的靈感：「外來」與「本土」是可以融合的，可以一起落地生根！不過，由一個政黨的黨歌僭越的「國歌」不包括在此。

何時才能唱《台灣翠青》？

前述提到《台灣翠青》這首歌，經常在許多台派聚會中被傳唱，已成爲台派團體心目中公認的台灣國歌。

回想二〇〇六年我應「美南台灣人夏令營」之邀出席擔任主講人。那一場在德州奧斯汀舉辦的大會一開始，司儀宣布唱美國與台灣國歌。「星條旗」的美國國歌我當然知道，但「台灣國歌」是哪一首？當然不可能唱「中國國民黨黨歌」所代理的所謂「國歌」。我心想，會不會是我們在島內活動中經常唱的《台灣翠青》，或是《海洋的國家》？果然，在「星條旗」

最後一句歌聲「O'er the land of the free and the home of the brave」結束後，莊嚴卻又祥和的歌聲接著響起：「太平洋西南海邊，美麗島台灣翠青……」

這首由蕭泰然教授作曲、鄭兒玉牧師作詞的《台灣翠青》，和另外一首《海洋的國家》（王明哲作曲、林永生作詞）經常在許多台派聚會中被傳唱。我們「台灣教授協會」每次開年會，開始都會齊唱《台灣翠青》，年會結束前再齊唱《海洋的國家》。許多人認爲這兩首歌很適合當台灣的國歌，我頗有同感，但不要只唱福佬語（台灣閩南語），最好能再加填華語、客語、南島語歌詞，四語都唱，以示多元族群融合。前引客委會副主委楊長鎭即表示，他每次唱《台灣翠青》都改唱成客語。

這幾年來蔡英文女士經常出席海外台僑的聚會，想必也經常聽到《台灣翠青》和《海洋的國家》。我不確定她在聆聽這兩首歌時是否和我同樣感動，但我確信她對這兩首歌應該不陌生。這次蔡總統的就職典禮，除了所謂「中華民國國歌」（國民黨黨歌）她無法拒唱之外，我本以爲這兩首已經在我們海內外台灣人聚會中傳唱二十多年的歌曲會被唱出來。但是，小英總統沒有安排這兩首歌，而是唱《美麗島》。

為何不唱《台灣翠青》而唱《美麗島》？試想，《台灣翠青》歌詞中有「共和國憲法的基礎」，這和小英揭櫫的「中華民國憲政架構」如何相容？「建國今在出頭天」的歌詞，更讓小英的「維持中華民國現狀」的政見顯得尷尬。

《美麗島》不會有這種尷尬。《美麗島》的作曲者李雙澤是標準「大統派」，而原作詞者是台灣道地詩人陳秀喜，這首歌唱起來可統可獨，隨人解釋，可以看成是「中國人的美麗島」，也可以是「台灣人的美麗島」。這種解釋起來可以左右逢源、依違兩可的歌曲，很符合小英的個性（或策略）。我們從小英新政府的組合，可以看到她這種性格與策略。例如最需要台灣主體立場的外交，竟然可以找立足「一中」立場的藍營人士來擔任，令人瞠目。

從就職典禮唱《美麗島》而不是《台灣翠青》，可以想見台灣眞正獨立建國的路途還遠。這次大選，大部分獨派團體都力挺小英。相信今後獨派對於蔡總統所有立足台灣主體立場的政策也依然會支持。不過獨派萬不可

Tâi-ôan Chhùi-chhi^{n}

台　灣　翠　青

Taiwan, the Formosa

詩詞：John Jyigiokk Tìn 鄭兒玉, 1993 （請吟二次） 作曲：Siau, Thai-jian 蕭泰然, 1993

Thài-pêng-iûⁿ se-lâm hái-piⁿ. Bí-lē-tó Tâi-ôan chhùi-
(地理) 太平洋西南海邊，(環境)美麗島台灣翠
chhiⁿ. Chá-chêng hō͘ gōa-pang thóng-tī, Kiàn-kok taⁿ teh chhut-thâu-
青。(歷史)早前受外邦統治，(建國)建國今在出頭
thiⁿ. Kiōng-hô-kok hiàn-hoat ê ki-chhó, Sù-chok-
天。(憲法)共和國憲法的基礎，(國民)四族
kûn pêng-téng saⁿ hia̍p-chō͘. Jîn-lūi bûn-hòa sè-kài
群平等相協助。(國際)人類文化世界
hô-pêng, Kok-bîn hiòng-chêng kòng-hiàn châi-lêng.
和平，(角色)國民向前貢獻才能。
© 2013 台灣教會公報社

台灣翠青譜、詞

因小英的性格而鬆懈，啓蒙大衆宣揚獨立建國，更應積極推動！

何時才能在總統府唱《台灣翠青》？先停唱「中國國民黨黨歌」的「僞國歌」，再來解答這個問題。

「國旗」篇

台灣島上插過幾面「國旗」？

原本屬於南島語族的台灣，在近世開始受到更迭輪替的外來政權統治，自一六二四年荷蘭入台開始，歷經荷蘭（一六二四～一六六二）、西班牙（一六二六～一六四二）、鄭氏（一六六二～一六八三）、滿清（一六八四～一八九五）、台灣民主國（一八九五）、日本（一八九五～一九四五），到中國國民黨等政權，總共換過七面國旗（或說「代表統治者的旗幟」）。

世上稀有的「國旗」

二次大戰後，台灣被中華民國代表盟軍接管，換上了新國旗——「青天白日滿地紅」旗。一九四九年底，中國國民黨政權被中共推翻，原本在一九一二年成立的中華民國滅亡，其流亡政府逃退到台灣，台灣繼續使用「青天白日滿地紅」旗至今，且成爲唯一插掛「青天白日滿地紅」旗的所在。

然而時至今日，「青天白日滿地紅」的「國旗」卻成爲世界上最奇特、

西班牙旗

荷蘭旗

滿清黃龍旗

鄭家軍的旗

日本國旗

青天白日滿地紅旗

一八九五年台灣民主國「藍地黃虎旗」

中華民國原來的正式國旗

孫中山就職臨時大總統時所使用的國旗就是這面五色旗

最尷尬、最弔詭，又最不知何以言之的國旗。我這樣說它，藍營的朋友請先別動怒，以下對「青天白日滿地紅」旗的敘述，皆屬事實：

其一、「青天白日滿地紅」的旗子，原本並非中華民國的國旗。

一九一二年中華民國建國時的國旗是五色旗（紅黃藍白黑），那是經過當

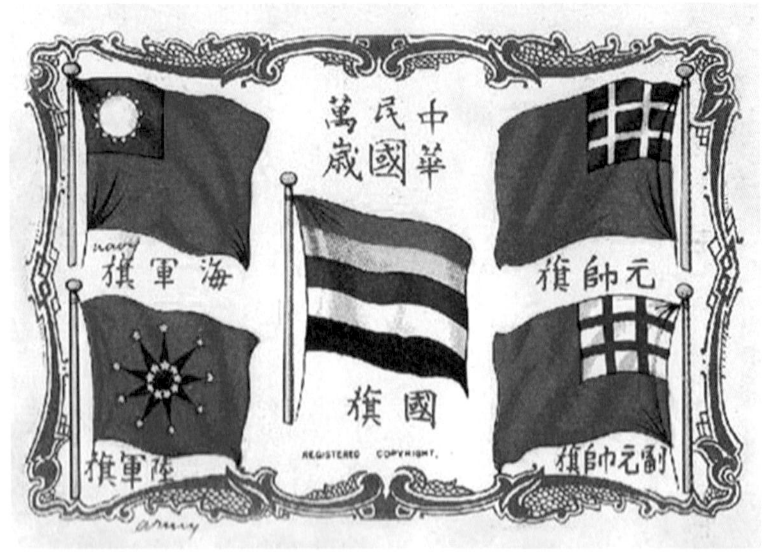

中華民國成立時的各種旗

時的中華民國參議院正式通過的。如今被泛藍奉爲神聖圖騰的「青天白日滿地紅」旗，則是一九二四年六月在廣州的國民黨中央以一黨之私決議更換的。所以這面旗子告訴我們，國旗是可以更換的。

其二、國民黨制定這面國旗，把他們的黨旗（青天白日旗）放到國旗的一角，這種黨國不分的國旗，絕對不是一個正常的民主國家應有的現象。國民黨的黨國不分心態，從這面「青天白日滿地紅」的「國旗」又得到一個例證。

其三、這面青天白日滿地紅國旗制定的時候，原先所代表的範圍，是中國大陸（所謂「秋海棠」），並沒有包括台灣。因爲那時候的台灣是日本殖民地，不屬於中華民國。易言之，那面旗子是在台灣之外的地區產生的，而今，它卻只能拿到台灣來插掛。世界上大概找不出這樣的國旗，不能在自己原先代表的領域插掛，卻只能拿到原先未包含的領域插掛。就台灣而言，她所掛的國旗，竟是在台灣之外的地區產生的。

其四、由於有上述不正常的現象，所以主張台灣建立正常國家的人，通常都不喜歡拿這面「國旗」出來亮相，而希望台灣能有一面眞正代表台灣的國旗。

其五、因爲有第四點，所以藍營的人士就喜歡拿出這面青天白日滿地紅旗，來指責綠營不認同中華民國，以它作爲愛國的指標。

其六、不僅主張台灣獨立建國的人不認同這面旗子，中國北京當局也極力排斥它。自從中華人民共和國建國以來，他們以五星旗作爲代表中國的正統旗幟，所以否認國民黨黨製的青天白日滿地紅的國旗。

其七、弔詭的是，爲了區隔台灣與中國的不同，爲了與北京當局在海外國際場合較勁，平日在台灣國內不拿青天白日滿地紅旗子的許多綠營人士，也開始揮舞起這面國民黨黨製國旗。這就是台灣俗話所說的「無魚，蝦嘛（也）好」。

其八、最諷刺的是，平日在國內老是拿著青天白日滿地紅旗子來教訓人的藍營政客們，碰到了中國（不論是其政治人物或運動隊伍）時，立刻讓這面他們平日奉爲神聖圖騰的旗幟消失得無影無蹤，深怕得罪北京當局。原來他們的黨製國旗只是拿來在內部對付台灣人用的。這正如台灣的一句俗語所形容的——只會「牛牢內觸牛母」，對外就「無半撇」！

總之，青天白日滿地紅的旗子，台獨不喜歡它，中國也不喜歡它，國際社會也多不承認它，而台灣的藍色政黨好像很喜歡它，有時候卻又好像很忌諱它。唉！這眞是一面既尷尬、又矛盾、又可憐、又弔詭、又不知該怎麼說它的國旗，簡直是世上珍品。哪一天台灣國家正常化之後，我一定會好好珍藏它。

扛著「中華民國」名號與「青天白日滿地紅」旗的中國國民黨政權，自一九四九年底逃入台灣後，就是一個不折不扣的流亡政權，這個流亡政權在台灣建立起美國學者 Ronald Weitzer 所說的「遷佔者國家」（Settler state）——「由支配原始住民的新移入者政權所建立的國家」。被帶離中國的青天白日滿地紅「國旗」，便成爲這個遷佔者國家的精神指標，用以訓練其統治下的人民擁護這個「遷佔者政權」的認同記號。實則，它是這個流亡政權的舊記號，並不能眞正代表台灣。

泛藍軍所奉爲圖騰的青天白日滿地紅的「國旗」，所代表的範圍到底有多大？如果他們的答案僅止於台澎金馬，那麼他們正在製造兩個中國，這是中共當局所不准的，他們怎麼敢提倡？如果他們的青天白日滿地紅「國旗」代表的範圍，也包括全中國大陸，則他們勢必要消滅掉拿五星旗的中華人民共和國，這不是給中共更大的刺激嗎？他們不是常常告訴我們不要刺激中共嗎？

鄧小平升「青天白日滿地紅」旗的故事

今天中國北京當局對於「青天白日滿地紅」的國民黨黨制國旗相當忌諱，然而歷史可眞是弔詭，如今已很少人知道中國共產黨的元老鄧小平曾經發生過的一段升「青天白日滿地紅」旗的故事。

話說一九二〇年鄧小平赴法國留學，於一九二三年當選「旅歐中國共產黨青年團」的領導（與周恩來及其他三名幹部一起擔任領導職務）。當年化名叫作「鬫澤高」的鄧小平，年僅二十歲，是一位激進青年。當時在巴黎留學的中國留學生，還有一批抱持國家主義的中國青年黨的留學生。由於當時中國國民黨採「聯俄容共」政策，開始第一次國共合作，抱持國家主義的青年黨，要求外國勢力退出中國，因此與主張接受俄援、聯合共產黨的國民黨形成對立。在巴黎留學的青年黨留學生，也因此屢次在巴黎街頭和國民黨的同路人——共產青年團展開流血鬥爭，甚至曾經發生浮屍塞納河的事件。鄧小平主編的刊物《赤光》也經常與青年黨學生進行論戰。

一九二四年十月十日，在巴黎的中國青年黨留學生發起一項慶祝國慶大會，大會上掛出了中華民國的國旗（當然不是「青天白日滿地紅」旗，而是原本中華民國在一九一二年開國時的國旗——紅黃藍白黑的「五色旗」）。

當時青年黨留學生在巴黎的慶祝國慶大會懸掛的這面「五色旗」，是當時北京政府（當時全世界承認的中國唯一合法政府）使用的國旗。與青年黨留學生勢不兩立的中國共產黨學生，在鄧小平的率領下，氣勢洶洶地來到國慶現場騷擾，把當時懸掛的「五色旗」國旗扯下來，換上「青天白日滿地紅」旗，並且大聲叫喊「打倒北洋軍閥的走狗」。青年黨留學生於是和鄧小平等人大打出手。

回顧這段歷史，政治的現實，和歷史的事實，經常尷尬而弔詭。歷史的事實，常常可以戳破政治的現實。當年中共青年鄧小平爲了升「青天白日滿地紅」旗和人大打出手；今天這面「青天白日滿地紅」旗卻成爲中共的眼中釘。這段翻雲覆雨的歷史，當然是因爲國共兩黨的分合無常而來。

國共兩黨在歷史上曾經有兩次合作，第一次是一九二四年到一九二六年的「聯俄容共」時期；第二次是西安事變後的一九三七年到一九四五年的聯合抗日時期（但其間又有摩擦）。而夾在這兩次國共合作之間的歷史，則是腥風血雨的國共內戰史。不論他們如何哥倆好，或是如何死對頭，那段歷史原本都與台灣無關，因爲當時的台灣不屬於中華民國。

二戰後中國國民黨鬥輸中國共產黨，逃退到台灣來，台灣開始背負起中國國民黨敗逃的命運。台灣成爲唯一可以讓中國國民黨插掛「青天白日滿地紅」旗的所在，台灣人也被迫以「青天白日滿地紅」旗作爲國家認同的指標。現在國共要進入第三次合作，但是此次的國共合作與前兩次不同，前兩次國共合作，共產黨是服膺在「青天白日滿地紅」旗之下；但這次的國共合作（應說「國共合流」），「青天白日滿地紅」旗卻必須隱藏起來了。**這意味著中國國民黨將臣服在中共之下**。面對這兩個中國黨的翻雲覆雨、波譎雲詭的歷史與現實，台灣人還要再任他們擺佈嗎？

「青天白日滿地紅旗」變成台灣國旗？

歷史的發展，使得原先在中國本土制定的「青天白日滿地紅」旗，最後只能在台灣插掛。而這面在台灣境外制定的「國旗」，在台灣插掛了六、七十年之後，竟然出現「本土化」（在地化）的現象，也就是許多人（台灣人及國際社會）不明其歷史源由而稱之爲「台灣國旗」。

且先舉一個事例來看，到日本旅遊的人，一定不難看到類似以下的鏡頭。這張照片，是我在九州太宰府的一家商店門口拍的。我故意問商店老闆，最上面的國旗是哪一國的？他快速回答：「這不是你們台灣的國旗嗎？」我有點啼笑皆非，猶豫該不該向他解釋這是中華民國國旗，不是台灣國旗。然而它現在又明明是台灣（只有台灣）在使用的旗子，怎麼不是台灣的國旗？這面國旗的複雜歷史背景，說來話長，非外人能解，最後我還是選擇不說。

二〇一二年八月初發生英奧拆所謂「台灣國旗」事件，引起國內外討論。國內外許多媒體也都用「台灣國旗」遭拆撤來報導。這倒讓我想起下方的照片，台北一家外語補習班櫥窗貼出各國國旗，其中「青天白日滿地紅旗」標示為「TAIWAN」。這眞是耐人尋味的

日本九州太宰府一家商店以青天白日滿地紅旗代表台灣國旗

台北一家外語補習班的櫥窗

現象。

原先在中國大陸（不含台灣）醞釀產生的國旗，現在竟然慢慢被說成是「台灣國旗」，台灣國旗竟然是在台灣境外產生的，「青天白日滿地紅旗」是否出現「在地化」、「土著（讀ㄓㄨˊ）化」的現象？這種將「青天白日滿地紅」的旗子形容成「台灣國旗」的報導，現在愈來愈多，愈來愈普遍。試看下面這兩張信手拍到的照片，「青天白日滿地紅」的旗子，都被標示「台灣」。

由於「青天白日滿地紅」的旗子只有在台灣插掛，久而久之，就被「制約」（conditioned）成爲「台灣的國旗」。這種現象，是否可以說是「青天白日滿地紅」旗子的「土著化」、「在地化」現象？

說起「土著化」概念，陳其南教授曾以「土著化」概念來解釋清代台灣漢人社會的變遷。十九世紀中葉以後，台灣漢人逐漸從唐山祖籍的宗族認同轉向

青天白日滿地紅旗標示著「台灣」

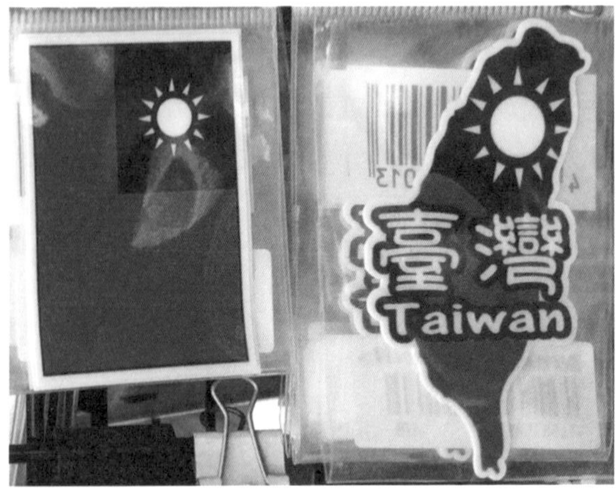

各種標上台灣的青天白日滿地紅旗

台灣
TAIWAN
台灣
台灣

臺灣
呷飽沒

I LOVE TA
Formosa

TAIWAN
台灣
TWAN

I LOVE TAIWAN
Formosa
明信片
Postcard
旅行箱貼
LUGGAGE STICKERS
I ♥ TW
愛台灣

I ♥
Taiwan

九份・台
TAIWAN
Taiwan
台北

台灣本土的宗族認同，從祖籍意識轉變到新地緣意識。連原本以祖籍分類的械鬥，後來也出現不同祖籍融合的新形態械鬥。這些都是「土著化」現象。此處所謂的「土著化」，應唸成「土著（ㄓㄨˋ）化」，而不是「土著（ㄓㄨˊ）化」。也就是「定著於土地之上」的「在地化」，而不是「南島民族化」或「平埔族化」。但是終究再怎麼定著於土地，還是一種中國模式的社會。

移民社會的土著化、在地化，是勢所必然的現象，但是外來的國旗最後土著化、在地化，好像前所未聞。到底用一面在台灣境外產生的國旗，經過在地化成爲台灣的國旗，是好是壞？値得玩味，可以進一步討論。當然國民黨藍營集團硬要堅持這面旗子代表整個「秋海棠」（代表的領域和他的一中憲法一樣，領域及於蒙古國與中華人民共和國，甚至嚴格說，還與十一個聯合國會員國的領土重疊），那就不足與談了。因爲任何議題的討論，都必須在精神正常的情況下才能進行。

兩面國旗，兩個國家

從常情看，國旗代表國家，每一個國家都有她自己的國旗。因此，兩面國旗當然就是代表兩個國家。兩面國旗並列，當然就是代表兩個國家同時存在。

呈現「在地化」之後的「青天白日滿地紅」旗，近幾年來常常出現與中國的五星旗並列的場景。試舉以下數個鏡頭來看。

「青天白日滿地紅」旗與五星旗並列

二〇一七年兩國國旗罕見地在國際比賽場合同台出現

二〇一七年十一月在日本加賀市 RoboRAVE 國際機器人大賽中，最大贏家的台灣隊（由台南十所中、小學組成，該項比賽總獎牌二十六面，台灣包辦了六金四銀四銅，共十四面），與中國得獎選手都在台上各自秀出國旗，兩國國旗罕見地同台出現。

只在台灣插掛的青天白日滿地紅旗，與中國五星旗並列的景象，是否正陳述著「兩國論」？這種「兩國論」，是否與台灣年輕一代的「天然獨」一樣，是情勢自然發展的結果？

台灣的國旗選項

儘管青天白日滿地紅的旗子被不明白歷史背景的人，漸漸地、自然地「制約」成「台灣」的國旗，但是畢竟這面國旗是在台灣境外產生，而且原本代表的範圍並不包括台灣，現在卻被看成台灣國旗。這種見怪不怪的現象，畢竟不是常態。因此，許多追求台灣獨立建國的人，長期以來就希望台灣應該制定屬於台灣自己的國旗。

台灣獨立運動有階段性的歷史發展，也有多種不同群組及類型的團體。因此分別出現過多面台灣國旗草圖。

最早出現的台灣國旗，是一八九五年唐景崧、丘逢甲他們為了抗日所成立的「台灣民主國」的「藍地黃虎旗」。

二次大戰後，台灣人民揮舞著青天白日滿地紅的旗子迎接「心目中的祖國」的中國政府，但十六個月後卻爆發二二八事件。事件後逃往海外的台灣知識份子開始醞釀新階段的台灣獨立運動。廖文毅博士在日本成立「台灣共和國」臨時政府，並制定日月並列的台灣共和國國旗。

再者，一九六〇、七〇年代在美國活躍的台灣獨立運動，曾經制定其國旗草圖，三角形在上，

「台灣民主國」的「藍地黃虎旗」

廖文毅時代的台灣國旗

圓形在下，合起來的形狀就像是「台」字；三角形表示奮鬥抗爭，圓形表示團結一致。

一九九一年，台灣教授協會等數個台派團體聯合召開「台灣人民制憲會議」，一九九四年六月第二次台灣人民制憲會議時，舉辦「新國旗、新國歌」徵選，並對外徵求台灣國旗及國歌草稿。最後「同心旗」入選為「台灣新國旗」（「台福教會」總幹事劉瑞義牧師繪製）。以四個心聚合，代表四大族群團結同心。

台灣共和國國旗草圖

台灣共和國同心旗

但是這面「同心旗」卻被統派人物惡意誣蔑為「八菊旗」，將四心看成八瓣，說是仿效日本皇室菊花紋章的「十六瓣菊」，「統派」用此來諷刺「台獨是日本傀儡」。這種惡意的曲解，足見其居心不善。

艾琳達構想的國旗草圖

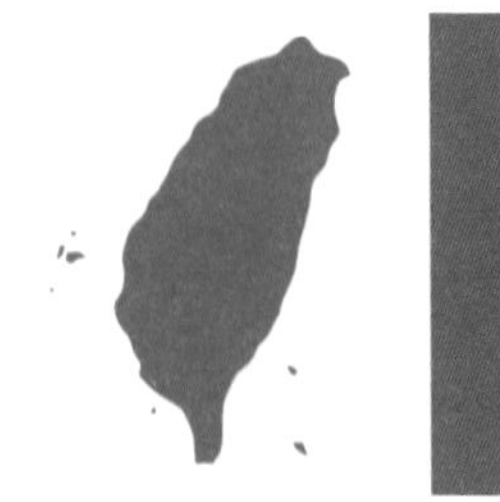

世界台灣人大會 WTC 的台灣代表旗幟

二○○○年十二月由海外十幾個獨派團體組成的「世界台灣人大會」（World Taiwanese Congress）（簡稱「世台會」），其所用的旗幟也被視為台灣國旗的草圖之一。

此外，長期投身「黨外」民主運動，很關心台灣前途的艾琳達（Linda Gail Arrigo），也曾經繪製台灣國旗草圖。顯然是將原來的青天白日滿地紅旗左上角的國民黨黨徽換成台灣百合圖。這種以原來的國旗為

台灣百合、台灣原生種蝴蝶蘭，是否可以作為代表台灣的圖像？

基礎的修飾構想，以及採台灣百合爲圖像的用意，容後再討論。

以上曾經出現過的各個「台灣國旗」草圖，無論任何一面，皆不可能被「統派」所接受。尤其長期受中國國民黨「黨化教育」（洗腦）「制約」的人，更視之如毒蛇猛獸、亂臣賊子。

舊國旗存在日久產生新意義？

由於長期的中國國民黨「黨國教育」的環境，以及長期的中國國民黨壟斷與操控下的媒體生態，以上的台灣國旗草圖很難在台灣民衆心目中留下印象，更難形成共識。今天一般民衆所感覺到的國旗（不論叫作「中華民國國旗」，或是如前述被稱爲「台灣國旗」），就是這面「青天白日滿地紅」旗。看看下頁這張照片，二〇一七年台北舉辦世大運時，林口地區的許多大樓國旗招展，雖然是有人率先發動，但都是民衆自願掛出。有的人還會在「青天白日滿地紅」旗的旁邊貼出「台灣加油」的標語。

畢竟這面「青天白日滿地紅旗」在台灣已經插掛了七十多年，民衆已經習以爲常。所以，這面旗子要從一般民衆的心目中拔除，換上新旗，其困難度是可以想見的，其可能遭遇的頑抗，也絕對可以預期。

值得觀察的是，二〇一八年的元旦，蔡英文總統在總統府主持升旗典禮，台獨大老史明先生也親臨參加。這個典禮是以「升旗」爲主旨，蔡總統要升的旗，當然是「青天白日滿地紅旗」，而這面「青天白日滿地紅旗」，過去絕對不是從事台灣獨立運動的史明先生所認同，甚至是他要打倒的對象。如今，史明也來參加升旗

青天白日滿地紅旗隨處飄揚，已「制約」成台灣民眾的認同指標？

典禮，這是否意味著在台獨的思考中，對於原本代表「中華民國」的政治符號，與「台灣」之間有了辯證關係的轉變，可以相容並存，產生意義的轉化？況且，前已述及，這面「青天白日滿地紅旗」已漸漸在主客觀環境下產生「在地化」現象。

當我們要更換眞正屬於台灣的國旗，但可能面臨極大的頑抗與阻礙，必須付出極大的代價，造成國家社會的動盪，甚至挑動國際敏感神經時，承認既有國旗的「在地化」，或許「雖不滿意，但還可以接受」？

但話說回來，「青天白日滿地紅旗」的「在地化」只是因爲民衆的習而不察，以及國際社會的「想當然耳」。如果要教導國民認識自己的國旗，必須透過歷史淵源的解說，如此一來，對台灣主體而言，它畢竟是外來的。沒有一個正常的民主國家的國旗是外來的。所以這面從中國來的旗子若要眞正「在地化」，必須再透過民主程序（制憲或修憲的界定），而且應該加入「在地的」元素加以修飾，才算眞正的「在地化」。

因此，若無法更換國旗（亦即更換國旗的主客觀條件尚未充分具備），則讓現有既成的國旗「在地化」，或許是可以考慮的途徑。易言之，國旗可以不換，修飾可也！

紐西蘭換國旗之議的參考

如果要在現行的國旗加以修飾，使其「在地化」符合台灣，該如何修飾？紐西蘭近年來擬更換國旗的經驗，或許可以提供我們一些思考的靈感。

紐西蘭屬大英國協，所以他們的國旗以英國國旗爲基礎而制定，左上方的英國國旗表示爲大英國協的一員，右邊四顆星表示南十字星座，因該國位於南半球，同時還象徵獨立和希望。

但是大約進入二十一世紀開始，紐西蘭開始有人覺得他們的國旗「代表英國的殖民地」，因此開始思考「去英國化」，而且也避免與澳洲國旗混淆（兩者太像，紐西蘭是四顆星星、澳洲有六顆星星），因此倡議更改國旗。到了二〇一四年的國會大選時，「紐西蘭國家黨」（NZ National Party）便預告選民將推動國旗公投，讓人民「自己國家的旗子自己選」。該黨的紐西蘭總理凱伊（John Key）在維多利亞大學的一場演講提出了國旗公投的想法。當時的民調顯示大多數人都支持更換這面擁有百年歷史的米字國旗，就連國家議會也贊同此作法。這場「國旗革命」，到了二〇一五年終於如火如荼地展開。紐西蘭國會成立了跨黨派的臨時「國旗委員會」（Flag Committee），協助審查公投相關法條，並提名十二位能凸顯紐西蘭多元文化（性別、種族、年齡、產業與社區）的公民代表，組成「國旗審議小組」（Flag Consideration Panel）。國旗審議小組被賦予從一萬二千多面民眾設計的旗幟當中，篩選出最後四面旗幟，於第一輪公投供人民票選。第一輪的公投在二〇一五年十一月二十日起展開，最後由建築師洛克伍德（Kyle Lockwood）所設計的，以銀蕨（Silver Fern）為主軸，黑藍底並搭配紅色南十字星的旗幟勝出。

銀蕨是紐西蘭的特有種蕨類，被毛利人視為「聖物」，更成為紐西蘭國花，也是紐西蘭國家橄欖球隊 All Blacks 的隊徽、紐西蘭觀光局的品質註冊商標。第一輪公投勝出的這面「銀蕨搭配南十字星」的新國旗草圖，將在第二輪公投中，與原來的國旗一起交付人民公投角逐。

我在二〇一六年二月去紐西蘭旅遊，順便了解正在「競選」中的兩面「候選國旗」的民意。我所到之處，看到兩面國旗到處飄揚，許多地方同時掛出兩面國旗。我訪問了數位紐西蘭民眾，發現老一輩的人較多人支持舊國旗，希望保留英國的色彩；而年輕一輩的人比較傾向支持新國旗（這是不是也和台灣年輕人較多「天然獨」一樣？）

紐西蘭國旗

第一輪公投勝出的紐西蘭新旗幟

紐西蘭國旗公投期間，隨處可見新舊國旗同場飄揚。

經過兩年的宣傳，第二輪公投最後在二〇一七年三月二十四日投票結束，原來的米字國旗以總票數55.6%勝過了銀蕨國旗的43.3%，總投票率63.7%。支持新國旗的紐西蘭總理凱伊，在新國旗敗選後發表談話：「我現在對紐西蘭人唯一的請求是，我們能夠在大多數人選出的國旗面前團結一致。我們能夠向世界揮舞我們的國旗，以它爲驕傲，然後大聲慶祝我們是一個美好的國家。」

紐西蘭這次國旗公投的結果，維持了舊國旗，當然意味著「去英國化」沒有成功。但是兩者差距並不懸殊，也就是主張國旗要「去英國化」（「完全本土化」）的人雖然敗選，但是仍有43.3%的民意基礎。如此接近的比例，讓我聯想到，在這對決的兩者之間，如果出現有中間路線的第三種選項，說不定會成爲最多數人的選擇。我所謂的「中間路線的第三種選項」，意思是同時將原有的米字旗與新出現的銀蕨圖案同時設計到國旗上，亦即在原有的國旗上加以修飾，加入在地元素（銀蕨），呈現兼容並包的第三面國旗草圖，我推測如果有這樣的第三面國旗選項，或許可以讓希望保留英國色彩的人接受，最後勝出。這是雙方互相容納的妥協方法，說不定也算是兩全其美。當然，這是事後我的聯想與假設。

我以上的聯想與假設，不知道能否提供我們台灣有關國旗的爭議做參考？如果台灣在現實環境下，更換國旗的條件尚未成熟，那麼，可否考慮在目前已使用七十多年的「青天白日滿地紅」旗子上面加以修飾，加入在地台灣的元素。至於這個代表台灣在地元素的符號圖樣是什麼？可以向全國（當然不包括中華人民共和國）廣徵。

一九九六年建國黨第一次舉辦台灣國花的徵選活動，民眾投票結果選出百合花代表台灣的國花，花語是「純樸、耐勞、潔白與善良」。一九九〇年三月的學生運動，就曾經製作了「台灣野百合」的模型作爲運動的標記。此外，例如台灣原生種的蝴蝶蘭，或許也可以作爲「台灣在地元素」圖案的考慮。

當然我知道，在既有的國旗上面加以修飾，一定還會有人反對，至少在民意的兩端，也就是「國旗絕對不可絲毫變動」與「外來國旗非換掉不可」的兩極，一定都會反對，甚至會對這種方案加上道德的譴責。但是我們還是要體認，**民主政治是妥協的政治，而不是拚得你死我活的政治。在爭議中如何以民主的程序求得最大公約數，是民主政治的眞諦。**

澳洲換國旗之議的參考

澳洲目前的國旗是在一九〇一年完成，不過，當時是作為「政府的旗幟」，後來因習慣而成為國旗。與紐西蘭一樣，澳洲國旗左上角的英國國旗，表示曾經是英國的領地，是大英國協的一員，顯示與英國的歷史淵源；七角大星代表澳洲的六個州及特區，幾顆小星則形成南十字星座，是南半球著名的夜空景色（類似紐西蘭國旗）。

這面具有英國色彩的澳洲國旗，近年來不斷有民眾呼籲要求聯邦政府應該考慮更換新國旗，取代帶有英國殖民色彩的國旗。顯然，與紐西蘭一樣，這是「去英國化」的思考。受到紐西蘭公投換旗的啓發後，開始出現新國旗草圖。在二〇一六年一月二十六日一年一度的澳洲國慶日（Australia Day）上，西雪梨大學教授瓊斯（Benjamin Jones）公佈一份澳洲民眾在六種不同旗幟中的投票結果，由以藍天中的聯邦之星和南十字星，搭配金色波浪線與基底為綠色的「南方曙光旗」（Southern Horizon），達31％的支持率奪冠，而象徵和解的「民族和解旗」（Reconciliation Flag）則以

28%居次。

瓊斯表示，從八千人的民調中，有高達64%的民調支持換新國旗，另有31%的人則認爲應該維持原本的國旗。瓊斯表示，這份調查顯示兩種民衆不同的選擇取向，其一爲選擇一面較爲中性，與現有旗幟有所連結

（上）澳洲國旗
（中）澳洲新國旗草圖民調奪冠的「南方曙光旗」
（下）澳洲新國旗草圖民調居次的「民族和解旗」

的新旗，其二則是選擇一面全然不同的新旗幟，同時又能象徵澳洲原住民（Aboriginal）與托雷斯海峽島民（Torres Strait Islander）之間的和解。澳洲媒體報導評論，根據這份調查來看，澳洲民衆的確願意支持換一面新國旗，但也不想與現今這面國旗有過多的差異。

關於澳洲換國旗，目前還未正式進行公民投票決定。不過，他們的換旗之議，民衆的反應也是值得我們台灣參考。

「國號」篇

從「中國教」說起

台灣有許多種宗教，各宗教又有各種流派，但不管什麼教、什麼派，都不敵一種宗教之狂熱，我稱之爲「中國教」。「中國教」教徒奉「中國」一詞爲神聖圖騰，聞「中國」而色喜，聞「中國」而精神奕奕，聞「中國」而一切希望生，聞「中國」而無上榮耀至。這樣的情緒，這樣的情結，充滿著濃厚的宗教信仰性質，所以稱之爲「中國教」，絕非過分。這種「中國教」教徒，在聽到別人不承認自己是「中國人」時，往往會對之口誅筆伐，會用嚴厲的口氣予以道德的譴責。比如，他們經常用「數典忘祖」之類的話，來批評不承認自己是「中國人」，或不願當中國人的人。這種情緒反應，完全像在仇視異教徒般的心情。

當問到「哪一國人？」時，是就「國籍」而論，國際法上所談的國家意義，沒有人以種族、血緣、文化來考慮的，種族的認同與國家的認同是兩回事。但是時至今日，台灣還有很多人以傳統的血緣、種族、文化的認同，混淆了國家認同，甚且「中國」、「中華」的符號，更被神聖化而成爲一個不可須臾或忘的圖騰。所以，他們常對主張台灣應該獨立建國的人這樣責難：

「那些數典忘祖的台獨份子，如何否定自己是黃皮膚、黑眼睛的中國人？」我們在思考的是台灣的國家定位，他們卻還在血緣、種族、文化的死胡同裡打轉，跑不出來。新加坡共和國的70％左右的華人，不也都是黃皮膚、黑眼睛嗎？要罵他們「數典忘祖」嗎？

從國際法及國際社會的眼光來看，國際所說的中國（China），就是指中華人民共和國，所以一旦你對外宣稱你是中國人，國際世界必然認定你是中華人民共和國的國民。但是，中華人民共和國自一九四九年建國以來，沒有一天統轄過台灣，今天住在台灣的二千三百五十萬台灣人民，有誰向北京政府繳過稅？有誰當過「人民解放軍」？有誰拿中華人民共和國的護照？有誰在台灣使用人民幣呢？否則，爲什麼住在台灣卻非自稱是中國人不可？我們向世界宣稱我是中國人，除了讓國際社會混淆傻眼，讓中國共產黨歡欣大悅之外，對台灣有什麼好處？特別是，那個中國是一個人權淪喪的專制國家，台灣人宣稱自己是中國人，無異是宣稱自己是那個專制國家的國民。二〇一七年「自由之家」（Freedom House）評比中國的自由度只有十五分，台灣高達九十三分。自由度九十三分的台灣人，想當自由度只有十五分的中國人？只有「中國教」的教徒才會選擇這種「苦行」！

一九九〇年代，台灣有一家電視台的晨間新聞節目叫作「早安中國」。根據國際社會所說的「中國」是指中華人民共和國，而國民黨又始終強調「中國只有一個，台灣是中國的一部分」，因此那個晨間新聞的「早安中國」節目，似乎可以聯想成「早安，中華人民共和國」，不禁令人尷尬起來，台灣人有需要每天清早向中華人民共和國問早嗎？當然我知道他們節目名稱的原意不是如此，他們當然是依照國民黨的解釋，所謂的「中國」就是指「中華民國」。但是矛盾的現象產生了，既然他們所謂的「中國」是指「中華民國」，那麼「中華民國」和「中華人民共和國」不就變成「兩個中國」了嗎？這和他們主張的「一個中國」豈不衝突、矛盾？當然他們又要抬出一些什麼「一國兩府」、「同國分治」的歪理出來自欺欺人。

記得台灣第一次政黨輪替後，陳水扁主政時期，屢次看到中國國民黨的立法委員質問官員「你是不是中國人？」當官員小心翼翼思考「中國人」的定義而沒有立刻回答時，那些藍色立委還會暴跳如雷，彷彿中古世紀狂熱的基督教徒面對異教徒一般的不能容忍而抓狂。新加坡的議員從不會質問他們的華裔官員是不是中國人；美國的國會議員也絕對不會質問他們的官員是不是英國人。但是台灣的藍委爲何會問這種令人啼笑皆非的問題？

癥結還是在於深陷「中國教」信仰跳不出來，沒有「中國」這個名號作爲圖騰，彷佛無以爲生。

「中國」一詞古今意涵不同

在台灣的「中國教」教友經常表示以身爲「中國人」爲榮，然而，說穿了，「中國教」教徒不知道他們的祖先們，絕大部分都不認爲自己是中國人。因爲「中國」一詞被用來作爲國家的概念，是很晚近的事。

古籍中雖有出現「中國」，但其定義與內涵各有不同，與今日所謂「中國」也迥異。例如四書之一的《中庸》出現這樣的句子：「是以聲名洋溢乎中國。」《韓非子》〈孤憤〉出現「夫越雖國富兵強，中國之主皆知無益於己也」。《詩經》〈大雅、民勞〉出現「惠此中國，以綏四方」。韓愈也說過「夷狄入中國，則中國之」……。這些古籍中的「中國」，多指「中原」或「京師所在地」。所以華人的祖先們，極少人用「中國」一詞來作爲身分認同的符號。

一本一九〇七年日本早稻田大學「清國留學生部」的畢業題名簿中，來自清國的六十二名留學生在塡寫自己的國籍時，寫「支那」的有十八人，寫「清國」的有十二人，寫「中國」或「中華」的只有七人，其餘還有二十五人不知道如何寫。留學生況且如此，更遑論廣大目不識丁的芸芸大衆了。可見到了二十世紀初，許多人還不認爲自己是「中國人」。「中國」、「中國人」一詞，是在近半世紀內才被政治力神聖化，成爲民族主義者的圖騰。

「數典忘祖」的祖先

「中國教」教徒如果還不了解，我可以做個模擬情境來說明。聽過民間神壇有一種專門替人「牽亡」的乩童嗎？我雖然不信這種神鬼外道，不過以下只是爲了說明而借用的假設。話說有一位「中國教」教徒，在聽到許多台灣人不承認自己是中國人之後，悲憤塡膺，決定找乩童牽出列祖列宗的亡魂來向他們投訴。乩童果然牽出他數十代的祖先們的魂，列祖列宗一一顯靈，人數龐大，難以估計，中國教徒看了傻眼，只好從中隨便選數百位祖先稟告：「列祖列宗在上，請您們說說看，台灣竟然有許多人不承認自己是中國人？眞是對不起您們列祖列宗。」列祖列宗聽了一頭霧水，紛紛問這位中國教徒：「什麼是中國人？」中國教徒被這一反問，不覺一怔：「什麼？連您們也不知道中國人？」這些祖先被問愣了，沒有一個人說他是中國人，有的說他是大宋子民，有的說他是大唐帝國子民，有的說是大明帝國子民，也有的說是大閩國人、蜀國人、大理國人……。還有許多祖先可能是南島語族，說出讓「中國教」教徒聽不懂的名詞。就是沒有一個祖先說他是中國人。這位中國教徒生氣起來了，大聲喊道：「你們竟然不承認自己是中國人，簡直數典忘祖！」祖先們笑著說：「我們就是祖先啊！怎麼數典忘祖？」

記得一九六〇年代有一位華裔美國參議員鄺友良來台灣訪問，台灣某些立委竟然以民族春秋大義相責，最後鄺友良只好把話講清楚，回答他們說：「各位請弄清楚，我是美國人，並不是中國人。」鄺友良的父母都是來自中國廣東，「中國教」教徒是否也要罵不承認自己是中國人的鄺友良「數典忘祖」？

二〇一八年新黨青年王炳忠因爲替中國在台灣發展組織被起訴，他反問說：「我們作爲中華兒女，不願跟隨當前的台獨工作者數典忘祖，而願意做一個堂堂正正的中國人，何罪之有？」他一樣也把國家的發展訴諸祖先，我們也可以這樣反問：「你的祖先有叫你建立中華人民共和國或是中華民國嗎？否則你怎麼如此效忠呢？」當前台灣是「事實獨立」的，台灣人要維護主權獨立，不是認不認祖先的問題，而是選擇民主自由，不選擇專制極權的問題。我們同樣可以反問王炳忠者流（及其背後的專制政權）：「我們作爲愛好自由的台灣兒女，不願跟隨專制集權政權，而願意做一個堂堂正正的民主自由人，何『數典忘祖』之有？何罪之有？」

國家的形成要件，在於土地、人民、主權、政府，而不是血緣、名號。「中國教」的教徒只以血緣、名號來理解國家，其實相當沒有國家概念，更遑論要追求民主自由的更高價值。

「中華民國」是這樣「頌」的嗎？

有一首藍營最喜歡唱的所謂「愛國歌曲」叫作「中華民國頌」，其實這是一首怪誕無稽的歌，主要理由倒不是因爲這首歌的作者長年躲在外國當寓公，卻隔著太平洋在歌頌中華民國，而是這首歌的歌詞荒謬絕倫、愚蠢無知。不信的話，我們來分析看看——

歌詞一開始，就這樣唱著：「**青海的草原，一眼看不完，喜馬拉雅山，峰峰相連到天邊，古聖和先賢，在這裡建家園。**」只要有一點點歷史知識的人，一聽到這樣的內容，應該會立刻一陣納悶，中華民國的古聖和先賢，什麼時候跑去喜馬拉雅山上建家園的？按，在喜馬拉雅山脈範圍內，包括到數個國家的國境，有尼泊爾、不丹、印度、巴基斯坦，以及西藏（西藏當然也應該是一個國家，只是被中國帝國主義霸佔著）。中華民國的古聖和先賢，如果不怕高山症，看中喜馬拉雅山，想要到那裡建家園，好歹也該照會一下尼泊爾人、不丹人，和西藏人等，怎麼好意思這樣隨便打擾？

歌詞中又說「**中華民國，聳立五千年**」，這也令人相當不解。中華民國明明在一九一二年才正式開國，到了一九四九年底就被共產革命結束了。其統治者蔣政權挾其名號逃退到台灣澎湖，繼續沿用至今。若以一九四九年結算，中華民國也只不過存在了三十八年，若以本書出版來算，他的名號頂多也只使用一百零七年，何來五千年？而且還「聳立」五千年，這是哪一門的歷史學？本書不是也一再引用蔣介石的話嗎？——「我們的中華民國到去年（一九四九年）終就隨大陸淪陷而已滅亡了……」（一九五〇年三月十三日蔣介石在陽明山莊演講〈復職的使命與目的〉）

更荒謬的還在後頭，歌詞最後說：「**只要長江黃河的水不斷，中華民國，千秋萬世，直到永遠。**」全世界誰不知道長江和黃河是現在中華人民共和國境內的兩條大河，奇怪的是，中華人民共和國境內的這兩條大河的水不斷，結果被中華人民共和國所取代的中華民國（或說流亡台灣的「中華民國」）就會「千秋萬世，直到永遠」？這是什麼邏輯？試想，如果當年滿清帝國被中華民國取代之後，滿清遺老們也拿中華民國境內的這兩條大河作歌說：「**只要長江黃河的水不斷，大清帝國，大清帝國，千秋萬世，直到永遠……**」這像什麼話？

這種愚蠢無知、荒謬怪誕的歌詞，眞要我們的台灣子弟傳唱，只會愈唱愈愚蠢而已，對誰有好處？最滑稽的是，那個心向中華人民共和國的王炳忠，卻唱起《中華民國頌》，唱得荒腔走板，青筋暴浮，增加不少「笑果」。

中華民國還存在著嗎？

「中華民國還存在著嗎？」問這個問題一定又會惹惱藍營的朋友，台灣每個人都擁有「中華民國」身分證，「中華民國的青天白日滿地紅」國旗還在台澎金馬到處飄揚（中國官員來台時才收起來），怎麼問「中華民國還存在著嗎？」

容我先舉一個淺顯的比喻來說明。

有一個缸子裡面裝滿著白米，缸子外面貼上一個標籤，寫著「米」字，這是名副其實。可是，一旦米吃光了，缸子裡改裝蕃薯，不過缸子外面的「米」字標籤仍然貼著，我們到底要根據「米」字標籤來認定缸子裡的東西是米呢？還是根據缸子裡面實際裝的東西來認定它是蕃薯呢？問這個問題眞讓人啼笑皆非。可是類似的道理轉換成國家的問題時，還眞的有不少人弄不清楚。

在台灣，許多人在國家的概念上，竟然是以外在的標籤（國號、國旗、國歌）來認定的，而不是以國家的實際內容（人民、土地、主權範圍等）來思考。

近年來，有關台灣獨立建國的民意逐漸上升，國民黨也感覺到過去反對台灣獨立的理由顯得愈來愈牽強，只好改口說「我們中華民國在台灣已是一個獨立的國家」，甚至更好笑地說：「中華民國建國一百多年了，我們一直都是一個主權獨立的國家，這是不容否定的事實。」講這種話，就如同前面的比喩一樣，面對著貼有「米」字的滿缸蕃薯說：「自有這個缸子以來，米字標籤一直標示得很清楚，這些米的存在是不容否定的事實。」「米」字標籤固然沒有變，可是缸子內的內容已經變了，蕃薯不會因爲缸子貼有「米」字標籤而變成白米。「中華民國」的名號被使用至今確實已有一百多年的歷史，然而存在的，只是一個相同的名號，實際國家的實質內容卻是一百八十度迴異。一九一二年（民國元年）開國時的中華民國，其認定的範圍是所謂的「秋海棠」，而不包括台灣；但今天掛名叫作「中華民國」的，其統治範圍卻只有台灣，而沒有「秋海棠」。國號雖然相同，但其範圍剛好顚倒過來。（請參見本書「國慶」篇）原先在一九一二年成立的中華民國，到了一九四九年就結束了。中華民國在一九四九年結束後，其原先的掌政者（蔣介石統治集團）拿著原先的「中華民國」名號，流亡到原本沒有參加中華民國建國的台灣，繼續維持其政權。「國旗」、「國歌」也是如此（詳見本書「國旗篇」、「國歌篇」）。至於在「秋海棠」醞釀、專爲「秋海棠」設計的「中華民國憲法」，現在也只能拿來原本沒有參加中華民國建國的台灣修修補補。所以說穿了，如果僅認得「中華民國」名號、「青天白日滿地紅」旗幟、「三民主義吾黨所宗」的「國歌」等標籤，卻不在乎國家的實質內容，而以爲中華民國至今還存在了一百多年，這是不敢面對現實。假設說，滿清政府被推翻後，清室皇族跑去太平洋上買一塊小島，掛起大清帝國的旗號，統治當地土著，我們能說清朝還沒有結束嗎？

也許有人問說，台灣人翁俊明等人也曾參加同盟會的革命，怎可說台灣沒有參加中華民國的建國？要反駁這種幼稚的理由很簡單：日本友人參加中國辛亥革命的人更多，難道日本也參加中華民國的建國嗎？

或許又有人會說，在一九四五年以前台灣固然不屬於中華民國領土，但是一九四二年二戰以後台灣已爲中華民國領土，一九四九年之後中華民國政府退守到同屬中華民國領土的台灣，則中華民國當然還繼續存在著。這個爭論，就牽涉到戰後台灣地位與歸屬問題了。日本終戰的投降，不是單獨向中華民國投降，而是向聯合國盟軍投降，聯合國最高統帥麥克阿瑟將軍再命令「在中國（東三省除外）、台灣與越南北緯十六度以北地區之日本全部陸海空軍應向中國戰區最高統帥蔣介石將軍投降」。所謂中國戰區，是聯合國盟軍的中國戰區，這是就軍事意義而言的。台灣就在這種情況下，由蔣介石派陳儀代表盟軍接管。所以一九四五年十月二十五日陳儀在台北公會堂接受日本投降時，受降典禮出現中國、美國、英國、蘇聯四國的國旗，還出現聯合國的旗子。雖然當時號稱「台灣光復」，但就其實質，是一次過渡時期的暫時軍事接管。台澎的領土歸屬，必須等到與日本正式訂定具有國際法效力的和平條約，明定領土的歸屬才能確定。所以終戰後的台灣，嚴格說，並非正式的中華民國領土，而是一個在盟軍指令下由中華民國軍隊暫時接管的區域。也誠如一九四九年蔣介石在電覆台灣省主席陳誠所透露的眞心話：**「台灣在對日和約未成立之前，不過為我國一託管地帶性質，何能明言為剿共最後之堡壘與民族復興之基地。」**（見《陳誠先生回憶錄》「建設台灣篇」）雖然蔣介石後來果然逃入了他所說的這個「託管地」，並稱之爲

「復興基地」，但是翌年的韓戰爆發，杜魯門總統果然重新宣示台灣地位未定。

中華民國還來不及和日本完成正式簽訂和約的手續，就被中共推翻，國民黨政府扛著「中華民國」名號，逃退到地位有待國際條約來確定的台灣。原來的中華民國領土幾乎全部喪失（只剩金門、馬祖……等小島）。無怪乎，隔年（一九五〇年三月十三日）蔣介石在陽明山莊演講〈復職的使命與目的〉時坦白說：「我們的中華民國到去年終就隨大陸淪陷而已滅亡了，我們今天都已成了亡國之民……」已經滅亡的中華民國，其主權當然由繼起的中華人民共和國繼承。

蔣政權退入台灣半年後的一九五〇年六月，韓戰爆發。美國總統杜魯門發表聲明，其中謂：「台灣將來的地位，必須等到太平洋的安全恢復，及對日本的和平條約成立後，或者聯合國予以考慮，才能確定。」此一立論的主旨，在防止中華人民共和國繼承中華民國而擁有台灣主權。一九五一年九月《舊金山對日和約》中，日本才被要求正式表明「放棄對台灣及澎湖群島的權利、權限及請求權」，但未言明台灣澎湖的歸屬。在《舊金山對日和約》的四十八國當中，並沒有包括「中華民國」，因爲此時的中華民國政府，已經逃離了原來中華民國建國以來的絕大部分國境，正流亡在地位未定的台澎。台澎並非與日本交戰的地區或國家，而是戰時日本的領土，因此台澎不可能產生一個統治政府來參與交戰雙方的和約簽訂。有人說，《舊金山和約》雖未明確台灣的歸屬，但其後一九五二年對日的《台北和約》，已使中華民國在台灣繼續發展。但是再怎麼發展，畢竟中華民國政府是以流亡的性質在台灣統治，原本的中華民國早已結束。

今天我們如果要硬拗說中華民國存在已有一百多年，而滿足於實際是流亡政府的延續，這有什麼意義呢？國民黨維護著「中華民國」的名號和旗歌，表面上以此來表示其國家還存在著，實際上是要維護並延續其政權；而受蔣政權制式教育洗腦下的無知國民，也以此名號作爲國家認同的標準，實際上那只是巴夫洛夫式的「古典制約」反應而已。自私的政客配合著無知的人民所共同維護的「中華民國」名號，只會讓台灣綁手綁腳，無法成爲一個正常國家。**什麼時候我們願意放棄流亡的符號，以名副其實的台灣身分，建立新的國家，才有被國際社會接受的可能，也才能在國際的安全體系中眞正有效制止中國的武力犯台。所以讓台灣「國際化」，當然比讓**

台灣「中國內政化」更有保障。台灣若無「台灣」之名，而仍奉「中國」爲名，就必走入「中國內政化」的結局。

真正捍衛中華民國的方法

台灣民主化之後，「制憲」、「正名」的呼籲蔚成潮流。但是「中國教」的信徒卻寢食難安，認爲這樣「中華民國」就要亡國了，所以他們叫嚷著要「捍衛中華民國」。

前已述及，蔣介石在一九五〇年三月時早已明白承認「我們的中華民國到去年終就隨大陸淪陷而已滅亡了」，所以中華民國的滅亡，不是我們今天要制憲正名才會滅亡。「制憲正名」與中華民國的滅亡，其因果關係不該倒置。是因爲原本的中華民國早已滅亡了，所以台灣今天才要制憲正名。

藍營如果眞的不要中華民國滅亡，那就只有遵循當年他們「蔣公」的訓示；蔣介石在講完前述中華民國已經滅亡那句話之後，他還接著說：「我們一般同志，如果今日還有氣節和血心，那就應該以「恢復中華民國」來做我們今後共同奮鬥的目標。」（詳見一九五〇年三月十三日蔣氏演講稿〈復職的使命與目的〉）如何「恢復中華民國」？那就是老蔣時代天天發誓的——「反攻大陸、消滅共匪」。中華民國的滅亡，是他們過去所說的「萬惡的共匪」造成的，所以「共匪」不消滅，中華民國永遠不能恢復，如何捍衛？而且，不僅要消滅當今的中華人民共和國，還要進一步消滅蒙古共和國。因爲根據他們原來認定的中華民國，還包括現今的蒙古共和國領土，所以反攻大陸，消滅掉中華人民共和國和蒙古共和國，才能恢復原來中華民國，才能眞正捍衛中華民國。

說到這裡，藍營們眞是不堪回首，想想今天我們希望建立正常民主國家，希望台、中兩國能和平友好相處，他們卻叫嚷著「不要刺激中共」、「不要破壞和平」，當年天天喊著要「消滅共匪，反攻大陸」，卻不怕刺激中共，不怕破壞和平？而今，他們一面喊著要「捍衛中華民國」，卻一面與當年消滅中華民國的「共匪」把酒言歡哥倆好。他們去到北京朝「共」時，絕口不提「中華民國」；碰到他們官員來台，也把中華民國國旗或國號移走，或遮蓋起來，哪裡眞正要捍衛中華民國？原來「中華民國」的名號，成爲他們拿來反對台灣制憲正名、抗拒台灣建國的藉口。

中國仿台灣產品・台灣冒中國國名

「中華民國」的名號，除了是他們拿來反對台灣制憲正名、抗拒台灣建國的藉口之外，他們只要讓台灣繼續套著「中華民國」的名號，就認爲這裡就是中國，繼續自慰式地滿足他們的「中國教」信仰。其實這是冒名頂替，自欺欺人。看看一九七九年美國與中華人民共和國建交（與台灣當局斷交）時，他們竟然說成「中美斷交」。全世界都知道那一年明明是「中美建交」，台灣的藍營們卻要錯亂成「中美斷交」，這是因爲他們一直要台灣冒中國之名所致。

一種很弔詭的現象出現在台海雙方，那就是台灣冒中國之名的同時，中國卻仿冒許多台灣產品。

中國的造假之風，表現在商品的仿冒，已達氾濫之境。從運動鞋、精品百貨、汽車零件到高科技產品，無所不仿，許多國家蒙受損失，我們台灣也深受其害。

中國市場賣的台灣水果，有高達九成五都是冒牌貨，我國知名農業產區名稱屢遭中國搶先註冊商標，例如我們台灣久享盛名的高山「雪峰茶」，在中國也有公司以雪峰爲名販售茶葉，也叫「雪峰茶」；其他如凍頂、梨山、溪頭、杉林溪、阿里山等台灣著名茶產地商標，以及池上米、西螺米、古坑咖啡、瑞穗鮮乳、西螺醬油、東港生魚片、埔里米酒、埔里米粉等地方特產商標，都被中國搶先註冊。我曾經在休士頓的超市看到中國製的「新竹米粉」；中國進口的「博仕啤酒」，雖然品牌名稱不同，但從外觀看，無論包裝圖案、品牌字體、線條顏色，都與台灣啤酒幾乎一樣。

中國仿冒台灣的產品，實在令人髮指。不過說來也眞好笑，我們台灣對中國也有一項大仿冒，那就是國名。全世界都稱我們爲台灣，但我們卻用「中華」之名，自稱中國。一九九九年一月我們集合台灣的財力、人力、物力所製造發射的衛星，不叫「台灣一號」，卻叫「中華一號」；我們台灣的航空公司，不稱「台灣航空」，卻稱「中華航空」（China Airlines）；我們台灣的石油公司不稱「台灣石油」，卻稱「中國石油」（後來改稱「台灣中油」）；台灣資金所建立的鋼鐵公司，不叫「台灣鋼鐵公司」，卻叫「中國鋼鐵公司」；我們台灣納稅人所支持的空軍，飛機上卻寫著「中國空軍」

字樣；我們還有「中國時報」、「中國信託」……，不一而足。中國用飛彈威脅我們，我們卻處處奉中國之名。

更好笑的是，我們台灣的產品被中國仿冒，我們很生氣；但是中國的國名被台灣仿冒，他們不但不生氣，而且很樂意。反倒是，我們要正名台灣，不再仿冒中國之名，他們卻暴跳如雷，還揚言要用武力威脅我們。

我們如果在國號上還要繼續仿冒中國，就沒有理由責怪中國仿冒台灣的產品，因爲他們大可理直氣壯說：「台灣既然承認自己是中國，那麼新竹米粉、池上米、西螺米、古坑咖啡、瑞穗鮮乳、西螺醬油、埔里米酒……當然也都是我們中國的國產品，我們哪有仿冒？」

自取其辱的「中華隊」、「中華台北隊」

台灣這種冒中國之名的現象，表現在國際體育競賽時最爲荒唐。看看我們的大部分媒體，稱呼自己台灣派出去比賽的隊伍不稱「台灣隊」，卻叫

「中華隊」；稱呼中華人民共和國的隊伍不正正經經稱人家「中華隊」或「中國隊」，卻改稱「大陸隊」。中華不稱中華，台灣卻稱中華，張冠李戴，錯亂混淆。

國際奧會在一九六〇年代要求台灣以「Taiwan」或「Formosa」為官方名稱，但國民黨政府自認是代表中國的唯一合法政府，全部予以拒絕。圖為一九六〇（上）、一九六四（下）年奧會開幕典禮中，台灣的隊伍手持「抗議中」（UNDER PROTEST）布條走在「FORMOSA」名牌後面。

有人說，我們的許多國際比賽都比照國際奧會的模式，所以不能以「中華民國」或「台灣」名義參加。前者不能以「中華民國」名義參加，確實是奧會的限制，因爲自一九五〇年代起，台灣的國際官方稱謂就因中華人民共和國才是眞正的中國，所以無法使用 Republic of China（中華民國）

作爲台灣官方名稱。但是「台灣」的名稱則是奧會要給我們，卻遭中國國民黨給「抗議」掉了。

早在一九五九年五月，國際奧會認爲中華民國奧會無法代表中國，但允許以「Taiwan」或「Formosa」代表爲名義重新加入奧會。但是堅持代表中國的國民黨政權卻不能忍受「Taiwan」或「Formosa」，因此在一九六〇年、一九六四年、一九六八年，連續三屆授意台灣代表隊向奧委會抗議「Formosa」與「Taiwan」名稱。一九七六年奧會在加拿大蒙特婁舉行，國際奧委會同年也決議「中華民國」奧運代表團改以「台灣」奧運代表團參賽，仍遭國民黨政府拒絕，最後缺席該屆奧運。

一九七九年，國際奧會執委會針對中華人民共和國與中華民國（台灣）的會籍名稱多番修正與表決，決議台灣的中華民國奧會以「中華台北奧會」（Chinese Taipei Olympic Committee）爲名參加奧運會。一九八一年三月二十三日，中華民國奧會同意更名爲中華台北奧會（Chinese Taipei Olympic Committee），中華台北奧會也與國際奧會在瑞士洛桑簽訂協議書，解決多年來國際奧會中的「中國問題」。中華台北不得使用國旗與國歌，僅能使用中華台北奧運會旗以及國旗歌。此後，奧會模式的「中華台北」幾乎成爲台灣參加任何國際組織的官方名稱。回顧這段歷史，台灣不能稱「台灣」，卻來個不三不四的「中華台北」，其孰爲之？孰令致之？還不是信仰「中國教」、努力要「去台灣化」的中國國民黨造成的，才有今天的結果。

二〇〇三年十一月亞洲杯棒球賽在日本北海道舉行，台灣隊表現優異，日本媒體對台灣隊也有詳細的報導，但是有許多日本人不解爲何台灣隊叫自己爲「中華台北」（Chinese Taipei），而不稱自己是「台灣隊」。我國旅日僑領林建良先生費盡唇舌向日本朋友解釋。有位曾任職台灣、對台灣情勢相當了解的日本記者向林先生明言：「代表國家的棒球隊名稱還要加以解釋，才知道到底是指什麼國家，台灣人難道不覺得羞辱嗎？」（詳見林建良，〈代表台灣出賽，爲何不叫台灣隊？〉，二〇〇三．十一．七，《自由時報》「自由廣場」）

「大陸」？哪個大陸？

中國的球隊常常被許多台灣人叫成「大陸隊」，主要是台灣長期以來國家認同的混亂，許多人把對岸的「中華人民共和國」稱為「大陸」。全世界都知道，「中國」指的就是那個全名叫作「中華人民共和國」的國家。但是「大陸」呢？全世界沒有一個國家叫作「大陸」，倒是在地理上，有歐亞大陸、非洲大陸、美洲大陸。單講「大陸」，指的是哪一個大陸？台灣的藍營政黨不稱中國為「中國」，而稱之為「大陸」，是因為他所認同的國家就是中國，而且台灣是中國的一部分，如果他將對岸稱為「中國」，等於是將台灣置於中國之外，這是他無法容忍的。稱中國為「大陸」，表示兩邊都屬中國，而有「大陸地區」和「台灣地區」之分。所以將中國稱為「大陸」，其實就是將台灣矮化為中國的一個區。

二〇一八年五月九日馬英九在士林的東吳大學演講時，就指責蔡政府「稱對岸為『中國』是不對的」，馬質問「如果稱對岸為『中國』，那我們是什麼？」還說「這樣將來很難談判」。他不能容忍「台灣」與「中國」是對等的關係，他認為將台灣降為中國的一部分，才好和「大陸」談判。這麼天眞的頭腦可以當笑話看，但是如此屈辱台灣就叫我們笑不出來。

自從開放中國學生及遊客來台之後，台灣出現了「陸生」、「陸客」的名詞，其實這也是降低台灣地位的用語。所謂「陸生」就是「大陸學生」，「陸客」就是「大陸遊客」的簡稱。把中國來台的留學生稱爲「陸生」，來台的遊客稱爲「陸客」，與稱中國爲「大陸」，是一樣對台灣的矮化。中國來的留學生，當然簡稱「中生」，怎麼變成「陸生」？

再者，近年來出現了一個不三不四的名詞叫作「阿六仔」。許多人把中國人稱爲「阿六仔」，所謂「六」，當然是大「陸」的轉音。「阿六仔」這個名詞，本身帶有輕蔑的語氣，殊不知用這種輕蔑的名詞形容對方，其實是矮化了台灣，貶損了自己而不自知。

至於那些遊走對岸淘金的藝人，將中華人民共和國稱爲「內地」，那就更自我作賤了！日本殖民統治時代，台灣人稱日本本土爲「內地」，清帝國時代則稱清國本土爲「內地」，現在台灣不屬中華人民共和國，竟也稱呼人家「內地」，等於承認台灣是人家的殖民邊陲。爲了表演賺錢，作賤到一點起碼的骨氣和志氣都沒有。有一次藝人吳宗憲在電視談話節目上張口閉口稱中國爲「內地」，同台的作家馮光遠忍不住了，當場給他當頭棒喝：「對不起！我的內地在南投。」

「中華民國」其表，台灣其實

隨著台灣主體意識的提升，每當國際場合將台灣視爲中國的一省，或用「中華台北」、「中國台灣」來形容時，綠營團體及民衆必大力抗議。而藍營國民黨呢？由於「統」、「獨」民意的消長（「統」消，「獨」長），國民黨爲了選票已開始不敢談「統」，卻又不甘倡「獨」（怕北京不高興，難交代？）。因此他們對於台灣的稱謂及地位受損時的反應，常常顯得既矛盾又尷尬。

例如，二〇一〇年十月在東京舉行的國際影展，台灣電影代表團遭中國要求改名稱爲「中國台灣」或「中華台北」，引起台灣國內各方的不滿。當時行政院長吳敦義以「蠻橫」一語指責對方；總統馬英九雖然起先無反應，但或許看到國人群情憤慨，只好說些遺憾的話。不管藍營的指責是眞是假，讓人感到納悶的是，「中國國民黨」怎麼會反對「中國台灣」的名稱？中國國民黨不是一向反對台灣獨立，主張「一個中國」嗎？中國國民黨不是認爲台灣是中國的一部分嗎？藍營的政客及其支持者不是各個都自稱是「中國人」嗎？既然他們認爲台灣是中國的一部分，既然他們都自認爲是中國人，那麼在「台灣」之前加上「中國」，不正符合他們的意思嗎？怎麼反對呢？中國國民黨的黨名不是也冠上「中國」名號嗎？怎麼台灣冠上「中國」名號他們卻反對呢？何其矛盾的言行！

當然他們可能又狡辯說，他們主張的「一個中國」是中華民國，不是中華人民共和國。如果這樣，老問題又來了：他們的「一個中國」既然是中華民國，台灣當然就是中華民國的一省，可是他們卻又反對「中國台灣」，這不就等於告訴人家說「中華民國不是中國」嗎？中華民國如果不是中國，那又何來「一個中國」之說？又何來「一個中國，各自表述」呢？國民黨表來表去，表得自己不知所云，矛盾重重。唯一可以解釋的是，在實際的環境中，他們戀戀不捨的「中華民國」這個虛號，已經敵不過具有政治實體的台灣。

以下一個發生在屏東某國小的實例，也可以作爲說明。

大約在二〇一〇年代初，屏東縣內一所小學校，在一次「愛國週」的朝會上，校長向全校學生宣布：「本週是愛國週，我們都要愛我們的國家。」接著他問全校學生：「我們的國家是什麼？」結果全校學生異口同聲回答：「台灣！」只見校長一臉尷尬，立刻打圓場說：「沒錯，沒錯，我們是台灣，不過我們也是中華民國。」

這個實例告訴我們，學生之所以回答「台灣」，是眞實環境讓他們感受到的據實反應；校長打圓場說的「中華民國」，則是中國國民黨所「後設建構」硬套在台灣頭上的虛號。我們到底是台灣？還是中華民國？就看我們要選擇虛號來看，還是要選擇眞實的環境來看。一般國際社會已經告訴我們，他們不會稱呼台灣爲「中華民國」。最有意思的是，我們在推動正名運動時，有許多國際媒體說「台灣他們要正名爲台灣」。

全球國名最多的國家？

「台灣要正名爲台灣」確實是一句既滑稽又尷尬的話。而台灣還有一項令人瞠目的世界紀錄。一般正常的國家，其外館名稱當然是以其國名爲名。如果我們以外館的名稱來看，台灣變成全球國名最多的國家！我們的駐外機構名稱除少數有 TAIWAN 或 THE REPUBLIC OF CHINA 之外，五花八門，令人眼花繚亂，起碼有以下數種類型：

第一類用「台北經濟文化辦事處」。例如：

駐印尼台北經濟貿易代表處

駐馬來西亞台北經濟文化辦事處

駐菲律賓台北經濟文化辦事處

駐安卡拉台北經濟文化代表團

駐秘魯台北經濟文化辦事處

駐澳門台北經濟文化辦事處

駐德國台北經濟文化代表處（已更名爲駐德國台北代表處，並於漢堡、慕尼黑及法蘭克福設有辦事處）

駐沙烏地阿拉伯王國台北經濟文化代表處

駐沙烏地阿拉伯王國台北經濟文化代表處吉達分處

駐加拿大台北經濟文化代表處

駐溫哥華台北經濟文化辦事處

駐芬蘭台北代表處

（比利時）台北經濟文化辦事處（已更名爲駐歐盟兼駐比利時代表處）

第二類用「台北商務」，或叫「台灣商務」。例如：

駐瑞典台北商務觀光暨新聞辦事處（已更名爲駐瑞典台北代表團）

駐挪威台北商務處（已關閉，由駐瑞典台北代表團兼轄）

駐巴西台北商務中心（已更名爲駐巴西台北經濟文化辦事處）

駐里約熱內盧台北商務中心（後更名爲辦事處，已裁撤）

駐斯里蘭卡台北商務代表團

駐新加坡台北代表處

駐阿根廷台北商務文化辦事處

駐委內瑞拉台灣商務辦事處（已更名爲駐委內瑞拉台北經濟文化辦事處）

駐智利台北商務辦事處（已更名爲駐智利台北經濟文化辦事處）

第三類叫「遠東商務處」，或「亞東貿易中心」。例如：

駐泰國遠東商務處（已更名爲駐泰國台北經濟文化辦事處）

駐約旦遠東商務處（已更名爲駐約旦台北經濟文化辦事處）

駐哥倫比亞遠東商務辦事處（已更名爲駐哥倫比亞台北商務辦事處）

駐荷蘭遠東商務辦事處（已更名爲駐荷蘭台北代表處）

駐希臘遠東貿易中心（已更名爲駐希臘台北經濟文化辦事處）

駐紐西蘭亞東貿易中心（已更名爲駐紐西蘭台北經濟文化辦事處）

遠東貿易服務中心駐阿曼王國代表辦事處（已更名爲駐阿曼王國台北經濟文化辦事處）

駐汶萊遠東貿易文化中心（已更名爲駐汶萊台北經濟文化辦事處）

第四類出現「貿易公司」（國家代表處變成貿易公司，哀哉！）例如：

駐墨爾本遠東貿易公司（已更名爲駐澳大利亞台北經濟文化辦事處）

第五類以「孫中山中心」或「孫逸仙中心」為名。例如：

駐西班牙孫中山中心（已更名爲駐西班牙台北經濟文化辦事處）

駐盧森堡孫中山中心（後更名爲駐盧森堡台北經濟文化辦事處，已關閉）

駐瑞士孫逸仙文化中心（已更名爲駐瑞士台北文化經濟代表團）

第六類是「自由中國中心」。例如：

（英國）自由中國中心（已更名爲駐英國台北代表處）

（愛爾蘭）自由中國中心（已更名爲駐愛爾蘭台北代表處）

第七類冠上「亞東關係協會」

主要是駐日者（蔡英文總統主政後，改爲「台灣日本關係協會」）

第八類是「北美事務協調委員會」

即駐美者

其他，例如：

法華經濟貿易觀光促進會（已更名爲駐法國台北代表處）

（奧地利）中國文化研究所（已更名爲駐奧地利台北經濟文化辦事處）

（香港）中華旅行社（已更名爲台北經濟文化辦事處）

（義大利）台北文經協會（已更名爲駐義大利台北代表處）

日本主動以「台灣」正名其在台機構

在以上五花八門的台灣駐外單位名稱中，駐日本的原稱「亞東關係協會」於二〇一七年五月十七日，更名爲「台灣日本關係協會」。這次的改名，是由於日本先主動將他們的對台機構「交流協會」自二〇一七年起正名爲「日本台灣交流協會」。日本此舉，當然是蔡英文當選總統之後的一項友台之舉。回想四十四年前，日本在蔣政權被逐出聯合國的翌年（一九七二年九月），就急忙趕著與台灣當局斷交，但卻建立了「維持非官方的接觸，保持實質經貿關係」的「日本模式」，成爲往後許多國家處理台灣關係的參考模式。日本當年趕著建立「日本模式」，是因爲他們敏感的國際嗅覺，知道流亡在台的「中華民國」，將永遠不可能再代表眞正的中國，但是與台灣實質的關係，卻又不能（也不該）斷絕。這次日本主動決定正名外館的舉動，同樣也是出於其靈敏的嗅覺，這個嗅覺，當然不是要和小英的「維持中華民國舊現狀」共鳴，而是對六百八十九萬選票否決國民黨傾中政策、選擇民主台灣爲主體的回應，所以繼安倍首相在小英勝選時的友善談話，日本又以正名其駐台單位來表示友台善意。當然，此舉也可能因爲日本已嗅出川普在「川英」電話中直呼「台灣總統」的背後意涵（美中台三邊關係可能改變），故乃順勢而爲，亦未可知。更且，在二〇一八年二月初的花蓮地震受創之後，安倍首相更以毛筆親自書寫「台灣加油」給蔡總統。他可不是寫「中華民國加油」。

「中華民國」在地化？「華獨」？

自一九四九年以來，國民黨政權一直吹噓他們才是「代表中國的唯一合法政府」，而且以「恢復中華民國」、「反攻復國」的冠冕堂皇理由作爲高壓統治的藉口，以實施「戡亂」體制，與「戒嚴」統治。

時序到了一九七〇年代，打著「中華民國」名號退守台灣的國民黨政權，逐漸面臨國際外交的困境，一九七一年終於被逐出聯合國。「代表中國的唯一合法政府」的政治神話，已逐漸遭國際社會打臉而破滅。

在國際外交處境挫敗之際，蔣經國接棒主政，明顯不再「消滅共匪，反攻大陸」了，雖然改口喊「三民主義統一中國」，但已開始出現所謂「本土化」的政策。研究台灣政治史的日本學者若林正丈研究指出「中華民國台灣化」逐漸出現。（詳見氏著，《台灣の政治——中華民國台灣化の戰後史》）

兩蔣結束後，李登輝主政的一九九〇年代初期，台灣有了民主化的契機。而若林正丈所謂的「中華民國台灣化」也明顯更進一步。李總統從「中華民國在台灣」的表述，繼而直接以「中華民國台灣」來形容，到最後提出「特殊的國與國關係」的所謂「兩國論」。

若林正丈在書中指出中華民國「台灣化」

戴維森學院（Davidson College）社會科學學者任雪麗（Shelly Rigger）於二〇〇三年也指出「台灣的民族主義是在民主化之後開始發展」。

自一九四九年中華人民共和國建國之後，台灣即獨立於其外。今天，掛名「中華民國」的台灣，其實是具備獨立國家的條件，這種說法，即使國民黨部分所謂「本土派」也都開始上口。「中華民國」和「中華人民共和國」是兩個國家的說法，也出現在國民黨的部長之口。這種觀點和解釋，最近被稱爲「華獨」。

這種「華獨」的想法，據悉早在一九六一年駐美大使葉公超就曾經向美國駐台大使馬康衛表示「中華民國政府應發表聲明，主張它有權繼續存在於中華人民共和國的管轄權之外」。馬康衛指出，葉公超的立場「顯然是要使台灣未來永遠繼續處於分別獨立的狀態」。（詳見姚嘉文，《十句話影響台灣》，頁一五六）但由於蔣介石「漢賊不兩立」的僵硬意識形態，而無下文，葉公超也因此被打入冷宮。

然而，不論外來的「中華民國」如何地「台灣化」、「在地化」，「中華民國」的名號始終無法變動；儘管台灣獨立建國的呼聲已隨著台灣民主化後的言論自由保障而水漲船高，逐漸蔚爲潮流，年輕人更出現「天然獨」，但是「台灣」兩字始終成不了國號。

「台獨」簡史回顧

今天台灣的年輕人輕輕鬆鬆喊著「天然獨」，然而過去台灣獨立運動可是充滿著辛酸血淚。

台灣歷史上最早讓「台灣」二字出現在國號上，是一八九五年唐景崧、丘逢甲等人的「台灣民主國」。然而，當時雖宣稱「台灣自立爲國」，但實際上只是爲了抗拒日本，不得不在名義上脫離滿清，並不是眞正要獨立建國。

第二次出現「台灣」國號的主張，是一九二八年謝雪紅、林木順等台籍左翼人士在上海成立的台灣共產黨，他們揭櫫的政治大綱第二條就表明「台灣人民獨立萬歲」、第三條「建立台灣共和國」。當時的中共不但沒有反對，還派代表彭榮參加台共的成立大會。

二戰結束後，曾有日本在台少壯軍人結合親日台籍人士辜振甫、簡朗山、許丙等人舉行「草山會議」，圖謀台灣獨立未果（這種「台獨」與後來的台獨，本質意義不同）。但是，終戰時，大部分台灣精英與民衆則是迎接中華民國政府，多無台獨想法。詎料經歷了一年多國民黨政府的腐敗與剝削，民心大變，爆發二二八事件。事件之後流亡海外的精英如廖文毅等人興起台灣獨立運動，提出建立「台灣共和國」的主張。

一九四九年底，中華民國政府流亡來台，厲行高壓統治，台灣的國家型態被學者Ronald Weitzer稱為「遷佔者國家」（Settler State）——「由支配原始住民的新移民所建立的國家」）。台灣知識份子為了擺脫這種外來統治者的高壓統治，海外台獨運動持續發展，隨著出國留學生的增加，台灣獨立運動從日本發展到美國、歐洲；島內的知識份子也設法突破禁忌發出自救呼聲。如一九六四年彭明敏、謝聰敏、魏廷朝師生三人提出「制憲、建國、入聯」的「台灣人民自救運動宣言」；還有大大小小的獨立主張與革命建國運動，可惜都在白色恐怖統治下遭鎮制。

一九八六年，「黨外」民主運動衝撞戒嚴，突破黨禁成立「民主進步黨」，促成解嚴，更於民主化之後揭櫫所謂「台獨黨綱」，主張建立「台灣共和國」。

不過，隨著兩次的政黨輪替，民主進步黨兩次執政，過去的「台獨黨綱」有了修訂，演變論述成「台灣是一個主權獨立的國家，她的國號叫『中華民國』」。這種改變，用近年的一些說法，「台獨」變成「華獨」。

「華獨」與「台獨」的辯證關係

「台獨」與「華獨」是對立的關係嗎？「台獨」與「華獨」是純粹名號上的區別嗎？如果從構成國家要素的土地、主權、人民、政府四大要素來看，「台獨」與「華獨」的四大要素是一樣的。不過，所根據的憲法則不同，「台獨」是要重新制憲，「華獨」則是延續舊有的「中華民國憲法」。然而話說回來，如果在舊有的憲法上大幅度修憲，修到「量變產生質變」，修到連國號也可以改的時候，「華獨」與「台獨」似乎沒有兩樣了。

「台獨」主張者之中，有一部分的絕對主義者不能容忍「華獨」，用二分法將「華獨」視爲敵對者。然而「華獨」與「台獨」勢必敵對嗎？「華獨」與「台獨」之間沒有兩全其美、兼容並蓄的途徑嗎？試看以下的主張到底是「台獨」還是「華獨」？

一九七一年蔣政權被逐出聯合國時，外交部次長楊西崑私下向馬康衛表示，台灣政府退出聯合國後應成立「中華台灣共和國」（The Chinese Republic of Taiwan），並透過全島公投和普選，決定台灣前途。楊西崑曾向蔣介石建言，要蔣宣告台灣的政府和在大陸的政府是完全分離的。同時將台灣的政府重新命名爲「中華台灣共和國」（The Chinese Republic of Taiwan）。蔣在做此宣告的同時，也應以憲法緊急處分權解散國會，設立新的單一臨時民意代表機構，其成員由三分之二台灣人和三分之一的大陸人組成。楊西崑還主張蔣介石依緊急條款，應舉行「全島的公民投票，以決定台灣未來地位，及設置一個制憲機構」。（詳見王景弘，《慣看秋月春風》，頁一八八）

無獨有偶，差不多在此時，被蔣介石下獄十年甫出獄的雷震，有感於台灣在國際外交的困難，於一九七二年元月寫了數萬言的〈救亡圖存獻議〉給蔣介石，提出十項政治興革方案，其中首項建議：「立即擺脫被世人譏爲神話的『法統』觀念，打破不顧現實的面子心理，從速宣布我們的國號爲『中華台灣民主國（The Democratic State of China-Taiwan）』，從速宣布成立『中華台灣民主國』，以求自保自全」。他建議務實地將「台灣」加入國號，雷震說：「我們今天統治的土地，本來叫作『台灣』，今將『台灣』二字放在國號裡面，那就不是神話了。我們今天有一千四百萬人民（當時人口），我們以台灣地區成立一個國家，乃是天經地義、正大光明之事……」但是除了正式將「台灣」加入國號之外，雷震仍認爲要保留「中華」頭銜。他的理由是：「我們用了『中華』兩字，非但中文還是保留了『中華民國』的『中華』兩字，而在英文上還是用China這個名稱，仍可對得住創造中華的祖先，仍然表示沒有放棄『法統』，也可保持自尊心，使大陸人在心理上獲得安慰，尤可使台灣人具有同是『中華子孫』的共同心理。」

來自中國浙江的雷震，在五〇年代結合胡適等人創辦《自由中國》雜誌，後來因爲結合本土精英準備籌組新政黨，而遭國民黨下獄。雷震先生坐獄十年後，正值台灣外交挫敗之際。雷震體察時勢，爲了救亡圖存而知所變革。雷震從「自由中國」到「中華台灣民主國」，顯然在國家認同的主體上有了改變。用今天常用的「統」「獨」分際來敘述，他可說是從「統」轉成「獨」。然而，他的中心思想其實是沒有改變的，也就是民主自由的堅持與維護。在「自由中國」時期，雷震的國家認同雖然是「中國」，但「中國」民族主義並非他的終極且唯一的價值與目標，還有一個更高的價值，那就是「民主自由」；同樣地，也因爲這個自由民主的價值，所以在蔣政權退出聯合國，而共產專政的中國日漸威逼台灣的生存之際，他選擇了以台灣獨立建國之路，來完成民主自由。雷震的主張，不僅戳破泛藍政客所謂「台獨是在製造省籍對立」的惡意中傷，而且也可以化解「中華」與「台灣」的兩極對立。

雷震的「中華台灣民主國」構想，我曾經爲文介紹，列爲我們台灣的國號選項的「第二志願」（第一志願當然是「台灣」或「台灣共和國」）。我尊敬的彭明敏教授看了我的文章之後，給了我一封信，並且爲「中華台灣民主國」試擬了幾個英文譯名。彭教授來信的內容如下：

筱峰：拜讀了「台灣國號的第二志願」，我想大多台灣住民會接受這個國號的（包括所謂「中間選民」）。可能會有人問你，外文怎麼叫？故試擬幾種英文稱號，供作參考：

Sino-Democratic Republic of Taiwan
Sino-Democratic Republic of Formosa
Democratic Republic of Sino- Formosa
Democratic Republic of Sino-Taiwan

彭明敏

顯然彭明敏教授的翻譯，與雷震的翻譯不同。雷震將此國名英譯爲「The Democratic State of China-Taiwan」，不宜，蓋「China-Taiwan」是「中國台灣」，又要掉回中國窠臼，失去台灣主體性，與中文的「中華」一詞不相配。彭教授譯爲「Sino-Democratic Republic of Taiwan」或「Democratic Republic of Sino-Taiwan」……，與前述楊西崑方案的英譯「The Chinese Republic of Taiwan」在語意上相同，明確具有台灣的主體意涵。

「華獨」與「台獨」同樣都不爲中國接受，自不待言。既然中華民國已有某程度「台灣化」，但「中華民國」名號卻又已山窮水盡，則公投制憲以期柳暗花明的同時，國號該如何才能讓各族群接受，以減少內部阻力，

2003.7.14

筱峰：

拜讀了「台湾国号的第二选擇」，我想大多台湾住民会接受这個国号的（包括所謂「中间选择」）。可能会有人问你，外文怎么叫，故試擬'幾种'英文稱号，供作参考：

Sino-Democratic Republic of Taiwan

Sino-Democratic Republic of Formosa

Democratic Republic of Sino-Formosa

Democratic Republic of Sino-Taiwan.

彭明敏

彭明敏教授來信原件

值得共商溝通。

「台灣」、「台灣共和國」當然是最名副其實的第一志願國號，但是我們極擔心「我那眷村的弟兄們」一旦沒了「中華」，有人會做出不堪設想的反彈。二〇〇四年十一月二十七日群策會舉辦了一場「台灣新憲法」國際研討會，會中討論到國號時，法國學者高格孚（Stéphane Corcuff）建議採用「中華台灣民國」，就是基於化解「台灣」與「中華」兩個名詞之間的兩極對立，亦可參考。

討論至此，請問「中華台灣共和國」或「中華台灣民主國」到底是「華獨」還是「台獨」？如果獨派能夠接納保留「中華」的話，「我那眷村的弟兄們」就不該再有理由反對「台灣」之名。

至於在「台灣」之上多加「中華」，會不會影響台灣的獨立自主？我們看世界上許多不同國家，使用共同的種族名詞或地理名詞的，也不少。例如阿拉伯世界的國家，冠以「阿拉伯」之名的，就有多國：沙烏地阿拉伯（英譯 Kingdom of Saudi Arab）、阿拉伯聯合大公國（英譯 United Arab Emirates）、埃及的全名也叫「埃及阿拉伯共和國」（英譯 Arab Republic of Egypt）、敘利亞的全名叫「敘利亞阿拉伯共和國」（英譯 Syrian Arab Republic）、北葉門的全名叫「葉門阿拉伯共和國」（Yemen Arab Republic），利比亞的全名中也有阿拉伯的名稱，英譯 Socialist People's Libyan Arab Jamahiriya……。他們的國名都出現有「阿拉伯」，但他們都是獨立的國家。

台灣國號的第二志願

我們追求台灣的獨立自主，防止中國專制霸權的侵吞與壓迫，是在追求民主自由與尊嚴的生活。從這個層面看，台灣的獨立運動，其實是高層次的民主運動，並無所謂「省籍」族群分化的意涵。尤其在習近平廢除任期制（被稱搞帝制），中國民主化遙遙無期的當前，台灣人只有追求獨立自主，才能確保民主自由，這是時勢所趨。套句柳宗元「封建，非聖人之意也，勢也。」的句型，我們也可以如此說：「台灣獨立，非某族群之意也，勢也。」即使所謂「外省人」，一樣可以和各族群團結，一起在台灣建立新國家。

這個新國家的國號，最名正言順的稱呼應該是「台灣」或「台灣共和國」。然而我們知道，台灣內部受國民黨長期大中華意識的制約所產生的「中華情結」，是最大阻力。許多人要他不用「中華」一詞，心中仍有難言之痛，尤其「我那眷村的弟兄們」。而要立即解除「中華情結」，並非一蹴可解，解得不好，反而產生的反彈與阻力更大，衝突更加激烈，害了大局。

因此，在「中華」與「台灣」的衝突對立之間，「中華台灣」（或「台灣中華」）的名號，也許是化解衝突的最大公約數。

當具有平埔族血統的「台灣人」（狹義的）仍願意接納「中華」的稱號時，生息於台灣、同命相連的「眷村的弟兄們」，實在沒有再反對「台灣」的道理。

如果「中華」是斬不斷的情絲，但台灣的自主性又非建立不可，那麼「中華台灣」也許是可以考慮的第二志願。

當然，最後還是要經由公民投票的民主程序來決定。

「國軍」篇

二〇一一年六月，有二十一位台灣的退役將領到中國與中共將領聯誼，傳出有台灣高階退役將領說出：「今後不要再分什麼國軍、共軍，我們都是中國軍隊。」對於此項報導，被點名的空軍退役上將夏瀛洲急忙喊冤，他表示沒有講過這樣的話。其實，夏瀛洲何必喊冤？即使你們沒有去和共軍將領勾搭，中華民國政府逃退到台灣的這六、七十年來，在台灣拿台灣人民納稅血汗錢所建立的軍隊，不都是以「中國」為名的嗎？請看下頁下方這張照片，這是夏瀛洲所屬軍種空軍的飛機，不是標示著「中國空軍」嗎？

所以，「國軍」退役將領跑去對岸和中共將領共稱「中國軍」，一點都不令人驚訝。讓人驚訝的是，中國要併吞台灣，可憐的台灣人民長期辛苦納稅所維持的軍隊，卻還要以「中國」為名。

今天我們在台灣靠台灣人民納稅錢所維持的軍隊，通稱「國軍」。顧名思義，「國軍」的意思應該是「國家的軍隊」，但是在國民黨長期的觀念裡，「國軍」的意義有兩個：一、「國軍」的「國」是指「中國」，而不是台灣；

二、「國軍」是「國民黨的軍隊」，這是延續當年中國國民黨在廣東黃埔建立黨軍學校的歷史而來，是黨國不分的產物。

中國國民黨陸軍軍官學校畢業證書

茲有本校第一期步兵科學生潘學吟修業期滿成績及格特給證書

總理孫文

校長蔣中正

黨代表廖仲愷

中華民國十三年十一月三十日

黨軍的證明

台灣納稅人所支持的空軍，飛機上卻寫著「中國空軍」。

這是哪一國、哪個時代的軍歌？

先從國軍各軍種的軍歌來檢驗。

陸軍軍歌一開頭就這樣唱：「**風雲起，山河動，黃埔建軍聲勢雄……**」我們每個服役陸軍的台灣子弟，天天都要這樣叫唱「黃埔建軍」。當年「黃埔建軍」所建的軍，是中國國民黨的黨軍，不是國軍。而且因爲是「國共合作」時代，裡面還多得是中國共產黨員。而現在的黃埔，已屬中華人民共和國境內，台灣的陸軍，竟然是在中華人民共和國境內建軍！嗚呼，民主時代必須延續「黨國不分」的歷史傳統，何來民主時代？

看看空軍軍歌這樣高唱：「**遨遊崑崙上空……看五嶽三江雄關要塞……要用血汗永固中華魂……**」台灣人納稅支持的空軍，竟然標榜要去遨遊中華人民共和國境內的崑崙山、五嶽三江？不怕被打下來！而中華人民共和國正以武力威脅台灣，要併吞台灣，我們台灣的空軍卻要「永固中華魂」？

至於海軍軍歌，則有這樣的歌詞：「**為青天白日旗爭光榮**」，青天白日旗就是國民黨黨旗，支領國家預算的海軍，是該爲國爭光？還是爲中國國民黨爭光？

這是中國國民黨於一九二四年在中國廣州黃埔建立的黨軍學校「黃埔軍校」。現在台灣的陸軍竟然要和它扯上關係！

孫文在黃埔軍校開學典禮時演講。圖中可見到偌大的國民黨黨旗。

除了三軍軍歌之外，軍中還在教唱「我愛中華」之類的軍歌，但是就聽不到半聲「我愛台灣」。

再看看在高雄鳳山的陸軍官校校歌，標榜「**黨旗飛舞……這是革命的黃埔**」。爲何支領國家預算（不是國民黨預算）的國家軍校的校歌，必須歌頌「黨旗飛舞」？更離譜的，在台灣土地上還要高唱「這是革命的黃埔」。民主國家的軍人，只要忠於國家，保衛國家，不需要革命。

台灣人民納稅支持的軍隊，為何非標榜「黃埔建軍」不可？不能台灣建軍嗎？

總之，我們的軍歌除了歌頌「黨旗」，揮不去黨國幽靈之外，標舉「黃埔」、「崑崙山」等中華山川符號的軍歌，充斥著殖民性格，灌輸的是中國認同，毫無台灣主體意識，也無民主理念。全世界有這樣不標榜爲自己而戰，卻認同外敵的軍隊嗎？

軍歌不能變動嗎？

二〇一六年底，立委劉世芳建議這種不合時宜、不符合民主性質的陸軍官校的校歌，應該修改歌詞，卻引起守舊者的反動，甚至有人還瘋狂喊出「誰敢動我校歌，我用生命和他拚！」「一命償一命」來威脅！他們對抗中國的侵略毫無感覺，抵擋民主潮流和台灣主體價值卻是如此英勇？告訴他們現在是民主時代，「黨凌駕國」的時代早該結束，他們聽不懂，竟然抓狂！這和滿清結束時，一群太監哭嚎不能再侍候皇上，有何不同？

二〇一八年三月，包括林昶佐等多位立委，再度質詢要求國防部更改陸軍官校校歌，國防部長嚴德發依然回答說這是延續黃埔建軍的歷史傳統，不可更改！如果歷史傳統不可以更改，必須延續，那麼滿清帝國是否也不該推翻，中華民國也不該建立？

軍歌眞的不能改嗎？請問過去國民黨要我們唱「反攻大陸」、「反共抗俄」、「消滅共匪」「殺朱拔毛」之類的軍歌，現在怎麼都改掉了？怎麼都不敢再唱了呢？可見軍歌是可以改的。我們期待趕快更換軍歌，應以認同台灣、崇尚民主爲內容。

至於編寫新軍歌，權宜之便可試試先改編台灣過去流行的歌謠，以利教唱。二戰時，日本殖民統治當局爲了鼓勵台灣人響應所謂「大東亞聖戰」，將許多三〇年代台灣流行歌改爲軍歌。例如名作曲家鄧雨賢的《望春風》，被改爲《大地は招く》；《月夜愁》改爲《軍夫の妻》；連原本三步節奏的《雨夜花》，也改成兩步的軍歌《譽れの軍夫》。日本帝國主義殖民者都知道利用我們的流行歌做宣傳，我們自己改編自己的歌在軍中教唱，有何不可？我曾聽過《四季紅》曲調用軍樂演奏，雄壯昂揚，若能塡上台灣意識的歌詞，讓台灣軍隊唱台灣軍歌，我們才會放心！安心！感心！

黨國不分的各種軍旗

今天國軍各軍中的軍旗，全部都有中國國民黨黨徽。當然他們會說，那是國徽，不是黨徽。問題是中華民國的「國徽」是由中國國民黨的黨徽擴充邊緣產生的，有何不同？下頁這些軍旗，即證明黨國不分的現象。

陸軍軍旗

空軍軍旗

憲兵旗

海軍軍旗（後來成為中華民國國旗）

海軍陸戰隊旗

哪一國的軍艦？

長期以來，台灣的各種軍艦，也都以中國的山川地名或人物來命名。

例如驅潛艦有「沱江」、「涪江」、「湘江」、「昌江」、「珠江」、「西江」、「柳江」、「韓江」、「東江」……或「瀋陽」、「衡陽」、「漢陽」、「咸陽」、「太湖」、「太原」……等等。

巡防艦有「承德」、「武昌」、「迪化」、「昆明」、「西寧」、「康定」、或是中國歷史人物名字，例如「鄭和」、「繼光」、「田單」、「張騫」、「班超」、「岳飛」、「子儀」、「逢甲」、「銘傳」……等等，只有後兩者與台灣有關。

好不容易在二〇〇〇年第一次政黨輪替之後，才有驅逐艦以台灣的地名命名，如「基隆」、「蘇澳」、「左營」、「馬公」。

二〇〇五年曾有日本 NHK 駐台記者向國防部總政戰局長胡鎮埔提問，台灣軍艦命名與中國雷同，未來是否將改進？當時胡局長僅回答說：「國軍不涉意識形態，一切施政以憲法爲依歸。」殊不知這樣以中國山川地名和歷史人物來命名，正是大中國意識形態的作祟，怎麼不涉意識形態？

即使沒有重新制憲或修憲，在現行憲法之下，以台灣的山川地名、台灣歷史人物來命名，會違背憲法嗎？

部隊的臂章、徽章充斥中國圖騰

國軍所屬部隊的臂章、徽章的圖案，充斥著大量中國圖騰。這種現象，近年漸爲國際媒體所關注。《詹氏防衛周刊》駐台特派員 Wendell Minnick 爲文指稱，台灣士兵制服上單位臂章中的國家領土圖形，通常是中國，國軍所有部隊的臂章或徽章，沒有以台灣爲象徵的圖形。Wendell Minnick 將台灣軍方所面臨的認同危機，列爲國軍對中國作戰的不利因素。

Asia Times Online 二〇〇四年四月號一篇「二〇〇六年：令台灣憂心的一年」的文章中，外籍記者也描述國軍的大中國思想。軍隊的認同危機，卻是不爭的事實，在〈台灣軍方的認同危機〉文中，作者 Wendell 強調，

台灣是中國一部分的想法，仍然在軍中獲得強烈迴響，例如，士兵制服上單位臂章中的國家領土圖形，通常是中國，而不是台灣。Wendell舉例指出，陸軍第六軍團、第八軍團、第四十六師以及陸戰隊臂章，都是中國的形象，第一一七師步兵旅的臂章，則是一隻老鷹站在中國大陸上，第三十四師、第一五七步兵旅，以及第二〇〇摩步旅的臂章，則有萬里長城的圖形。Wendell以走遍台灣國軍部隊的經驗說：「沒有一個部隊的臂章或徽章是以

中國長城的圖案竟然出現在台灣軍人的臂章上

聯勤的飛駝軍徽，駱駝腳踩的是中國地圖。

陸軍 234 旅的「長城」隊徽

台灣為象徵的圖形，造訪全台軍事基地的訪客，無論如何都看不到這樣的圖形」；「對台灣入伍服役的男子而言，中國是整個軍旅經驗的中心議題。」甚至連海軍艦艇的命名也是以中國爲主；他認爲「台灣軍方面臨了認同危機」。（詳見二〇〇五．二．十三，《台灣日報》記者洪哲政專題報導，〈國軍中式徽章？暴露認同危機〉）

如果我們台灣的軍隊不認同台灣，卻認同中國，則再好的武器、再精湛的戰技，都是枉然；如果我們民主的台灣，還存在著效忠一黨的黨軍，台灣的民主將非常脆弱。認同中國的黨軍的存在，將不知爲何而戰，爲誰而戰，這是台灣最大的憂慮與危機！

國軍為誰而戰？為何而戰？

一九九七年十二月中，國防部副部長王文燮在立法院答覆立委所提「將來如果綠色執政，透過公民投票的法定程序修改憲法，更改國名和領土範圍，國軍立場如何因應？」的質詢時表示，即使民進黨贏得選舉，執政後如果更改國號，國軍也不支持，「國軍只保衛中華民國，絕不支持分裂國土及變更國號者」。

王將軍口氣堅定，態度凜然，一套軍中莒光日「反台獨九百句型」，說來全不費功夫，眞是軍人本色。只是，這種軍人，好像不是民主國家的軍人，而是某個統治集團的傭兵，只認得該集團的圖騰，卻不知道民主國家爲何物。

當時如果立委質詢的問題是問「不經人民的同意，強行更改國號，國軍如何因應？」則王將軍的回答我們也沒話可說。但是，立委質詢的前提是「透過公民投票的法定程序」，有了這個凝聚國民意志的民主程序決定的新國家，王將軍仍公然表示不願接受，這不是擺明了要公然政變嗎？

二十年後的二〇一八年五月九日，已是民進黨第二次執政，蔡英文主政的中華民國，並沒有更改國號，有國民黨立委馬文君也問國防部長嚴德發：「我們的軍人願不願爲台獨打仗？」結果得到的答案依然不變，「國軍不會爲台獨打仗」。

在民主國家裡，「軍人以服從爲天職」，這句話的意思，不只是指下級軍階要服從上級軍階，更是指一個國家的軍人要服從該國文人政府（民主程序產生的政府）的領導。但是，竟然在民主化來臨的時代，還有跋扈的軍人在民主殿堂的國會裡面，公然表示不管民意如何，他們隨時準備發動政變？難道他們的邏輯是「人民以服從軍人爲天職」？

自一九四九年以後，台灣一直獨立於中華人民共和國之外生存，對中共而言，這也是另一種形式的台獨。蔡英文上任總統以來，一直標榜維持「中華民國憲政體制」，但是中國北京當局仍一口咬定她是台獨。現在，蔡英文政府的國防部長竟然表示不會爲台獨打仗！「以服從爲天職」的軍人，竟然還可以講條件服從，講條件效忠？這是台灣內部最大的隱憂！

「國父」篇

中國國民黨將孫文奉為「國父」，來台後，到處立「國父」銅像，學校教室內必須懸掛「國父」遺像，開會還要向「國父」遺像行三鞠躬禮，還要朗讀一九二五年的「國父遺囑」（汪精衛草擬）。台灣人受這種政治符號長期制約，習以為常，見怪不怪，但是眞正了解孫文的人不多。

夢見孫文來台

以下是我虛擬的一個夢，夢見孫文來台，我在台北街頭和孫文巧遇，夢中，我與孫先生做了如下的對話——

李：「國父先生，你怎麼會在這裡？」

孫；「啥？你怎麼叫我『國父』？」

李：「我們台灣的人都這樣稱呼你啊！」

孫：「我怎麼會成為台灣人的國父？誰教你們這樣稱呼的？」

李：「我們台灣可真悲哀，以前被荷蘭、西班牙、鄭氏、滿清輪番統治過；接著日本人來了，要我們喊天皇萬歲；之後國民黨來了，要我們喊蔣總統萬歲，還要稱您叫作國父。」

孫：「台灣確實值得同情，記得一九二四年我曾經想對日本提出要求，讓台灣與高麗兩民族至少限度應該自治，各自設立自己的國會及自治政府。」

李：「我知道，我讀過您那段言論。」

孫：「你剛才說的蔣總統是誰？」

李：「就是蔣介石。」

孫：「喔，想起來了，就是那個黃埔軍校校長。他後來當了總統嗎？」

李：「是，他當了五任的中華民國總統。」

孫：「怎麼會在台灣當中華民國總統？」

李：「因爲自從一九四九年底之後，原先的中華民國消失了，變成中華人民共和國，原來的中華民國政府流亡來台。」

孫：「怪不得我抵台灣之後，到處看到中華民國國旗。以前我曾來過台灣三次，分別在一九〇〇年、一九一三年和一九一八年，時間都很短。以前來台灣，看到的是日本國旗，現在變成中華民國國旗了。台灣歸中華民國固然好，可是原來的中華民國卻不見了，實在令我難過。」

李：「這種局面讓您難過，可是更讓台灣難堪。」

孫：「怎麼說？」

李：「一九四九之後，台灣所使用的國名、國旗、國歌，都是從中國大陸上一個已經滅亡的國家拿過來用的，這是世界上絕無僅有的怪象。」

孫：「你們現在使用的國名和國旗，我都很熟，不過國歌我倒不太清楚。」

李：「我唱給你聽。**三民主義，吾黨所宗，以建民國……**」

孫：「什麼？這是國歌？這是當年，一九二四年，我對黃埔軍校學生的訓詞，怎麼變成國歌？」

李：「沒錯，因爲到了一九二九年，國民黨將這段訓詞譜曲，訂爲國民黨黨歌。之後，一九三〇年三月，國民黨中央決議，在正式國歌未制定前，暫時以黨歌代用，這一代，就『代』到台灣來，代到現在。」

孫：「這麼說來，這樣的國歌並沒有經過民主的程序制定？」

李：「沒錯，而且國民黨黨歌在變成國歌的過程中，台灣當時並不屬於中華民國領土，因此台灣與這首黨歌毫不相干。可是台灣現在卻成爲唯一唱這首國歌的所在。」

孫：「我看不僅不適合台灣，而且歌詞也不適合作爲中華民國國歌，因爲原來的詞句是我用來勉勵黃埔黨軍的，例如我勉勵他們『爲民前鋒』，這句話用來當國歌，不就變成要全民都當『前鋒』了嗎？」

李：「是啊！全民都當前鋒，那誰來當『後衛』呢？」

孫：「哈哈！」

孫文與台灣的關係極淺

以上雖然是虛擬的夢，但是裡面的對話是有史實依據的（詳見本書「國歌篇」）。誠如我在前面的夢中所虛擬的，假設孫文先生今天忽然活過來，到台灣一遊，他一定會非常訝異地發現台灣這裡的人怎麼把他叫作「國父」？回到歷史情境，回到孫文曾經來台灣的當下，我這樣斷定孫文必然感到訝異，是絕對有根據的。

其實，孫文與台灣的關係極淺。他來過台灣三次，停留的時間很短。

第一次來台灣是在一九〇〇年九月二十八日，他從日本來到台灣，爲了籌措惠州起義的革命經費，試圖爭取台灣總督兒玉源太郎的支持，但沒有結果，於十一月中旬離開台灣，回抵東京，停留台灣約一個半月。

第二次是路過台灣，時間在一九一三年八月初，當時民國已成立，袁世凱專政，引起「二次革命」。孫文偕胡漢民離開上海赴廣東、福建，經台北赴日本。

第三次也只是路過台灣，時間在一九一八年五月下旬，孫文在廣州軍政府中受桂系軍人排擠，因此離粵，經汕頭取道台灣、日本，到上海。

由上可見，孫文眞正停留過台灣的時間，不會超過兩個月，而且他當年來台灣時，心中根本不可能把台灣看成中國的領土，因爲當時的台灣早已被清帝國在《馬關條約》中永久割讓給日本。所以，我們可以斷定，假設孫文今天魂遊台灣，看到這個當年他只來過不到兩個月的地方的人，竟然都稱他叫「國父」，他必定非常訝異。而且，也只有這個他來過不到兩個月的地方的人，是唯一稱他爲「國父」的地方，他不知道會做何感想？

孫文會不會支持台灣獨立？

今天，習慣稱孫文爲「國父」的人，可能不知道，孫文曾經在一九〇〇

7. **The Father of the Nation, Sun Yat Sen, actually only visited Taiwan three times**

Sun Yat-sen. (Wikimedia Commons)

Sun Yat-sen （孫中山）is viewed by many in Taiwan today as the "Father of the Nation." His picture still hangs in the Taiwanese Parliament as well as in schools, courthouses, and other public buildings across the country. But he was born in Guangdong（廣東）, died in Beijing, and officially only visited Taiwan on three occasions.

They were in 1900 (when he stayed for a month and a half), 1913 and 1918 (both of which were brief stopovers). His aim for each of these visits was to gain the support of the Japanese governor-general of Taiwan for his revolutionary ambitions in China. He never questioned that Taiwan was sovereign Japanese territory during any of these visits or at any point before his death in 1925. Sun Yat-sen would never have guessed that the republic style government he fashioned would end up being based solely on Taiwan.

二〇一八年四月十四日《台灣英文新聞》（*Taiwan News*）有一篇文章叫作「Top 10 Things you really didn't know about Taiwan」（你所不知道的關於台灣的十件大事），作者 David Spencer 列出的第七件事是「這個國家的國父孫逸仙，實際只來過台灣三次」。顯然作者視台灣為一個國家，而這個國家的人民有許多人將孫文當作「國父」，但是他們的國父卻只來過台灣三次。怪不得會成為世界奇聞。

年的時候，想要聯絡李鴻章促成「兩廣獨立」。孫文既然曾經主張兩廣獨立，那麼他會不會反對台灣獨立呢？

雖然孫文與台灣的因緣不深，不過並不表示他不關心台灣，只是，他對台灣的期待，恐怕要讓在台灣的「統派」大失所望了。根據戴季陶的回憶，孫文曾於一九二四年說過他想向日本提出三項主張，其中之一是「台灣與高麗兩民族至少限度也應該實施自治，各自設立自己的國會及自治政府」。孫文把台灣和朝鮮「兩民族」相提並論，並沒有主張要「收復台灣」。他萬萬沒有想到，當年被他拿來和朝鮮相提並論的台灣，竟然成爲唯一稱他爲「國父」的國家。

民主國家不需要神格化的「國父」

記得陳定南任法務部長時，針對藍營政客主張將「國父」一詞放入法律中，陳定南建議若要將「國父」一詞放入法律中，就應依中央法規標準法規定，對「國父」做出定義。結果引起泛藍政客的圍剿。綜觀這些藍軍政客的言談，他們不僅沒有現代國家概念，也沒有台灣主體意識，更是對中國近代史知識相當無知。

其實說穿了，現代國家是不需要「國父」的。現代國家是國民意志的結合，而不是幾個草莽英雄、或幾個將門貴胄，以武裝革命、發動政變的形式「打天下」打出來的。所以現代國家與過去「天下奉一人」的封建王朝，迥然不同；舊王朝有開國的君主，而現代國家則是群策群力的結合體。因此，將某一特定人物尊爲「國父」，實在是封建王朝的殘留意識在作祟。

美國雖然也有所謂 The Founding Fathers，也有人譯爲「國父」，但他們不是特別膨脹一個個人，而是指稱獨立建國時的開國元勳們，包括華盛頓、富蘭克林、傑佛遜、亞當斯……一堆人。更不會把他們個人神格化，凡是開會活動，動不動就要「行三鞠躬禮」。

孫文去世後，被國民黨奉爲「國父」，意指爲中華民國的開國之父，這種觀念，完全是封建意識，毫無國民主權的觀念。

膨脹孫文，不符史實

特別膨脹孫文爲「開國之父」，與歷史事實不符，有欠公允。在中華民國的建國史中，孫文的地位與貢獻固然不可磨滅，但即使沒有孫文，一九〇〇年代中國的革命風潮，依然是風雲際會，風起雲湧。據歷史學者的統計，自一八九四年到一九一一年之間，出現有一百九十一個革命團體從事排滿倒清的運動，原來的「興中會」及改組後的「同盟會」，也不過是其中較大的團體而已。又據統計，自一八九四年到一九一一年之間，發動的革命行動事件，計有二十九次之多。國民黨歷史課本所吹噓的「國父領導革命，經過十次失敗，百折不撓，最後終於推翻滿清」，顯然不把其他十九次的革命放在眼裡。況且，一九一一年的武昌之役是「共進會」與湖北新軍革命團體「文學社」共同策劃的，事發時，孫文並不知情，當時他人在美國丹佛市，從報上才知道中國有武昌革命發生。所以，中華民國的出現，是投入相當多的人力、心力的。把整個開國功勳，歸於孫文一人，顯然不合情理。

從台灣的主體立場思考「國父」

再說，一九一二年中華民國成立時，台灣是在日本的殖民統治下。在中華民國締造的過程中，並沒有台灣的影子（少數台人如翁俊明等參與其中，是零星的個人行爲），直到一九四五年，台灣才被中華民國接管，不幸一年四個月後，因爲適應不良而爆發二二八事件，一九四九年國民黨政府扛著「中華民國」的招牌，來到這個沒有參與中華民國締造過程的台灣。這個沒有參與中華民國開國的台灣，反而成爲今天唯一掛牌「中華民國」的區域。這裡的人民，在國民黨的教育與宣傳下，也成爲唯一稱孫文爲「國父」的人民。

今天，台灣在面對政治的轉型、在處於時代的關鍵時刻、在細數歷史的眞相、在揚棄傳統的包袱、在面對中華人民共和國的統戰威脅、在邁向國際社會、開創未來生機的此時，台灣必須建立一個新的、名副其實的現代國家。這個現代國家不應該再以英雄主義與封建意識去奉捧某一特定人物爲「國父」。

我不否定孫文是一位具有時代性的革命家，但以他作爲原來的中華民國的國父，已不無可議之處。若再以他作爲台灣這個亟待正名的現代國家的國父，則更完全失去台灣的主體性意義。我們應該讓這位革命家以他的原貌回到他在中國史上應享有的地位，也讓台灣從他被蔣政權神格化的影像籠罩下解脫出來。畢竟，台灣人不稱孫文爲「國父」，孫文一定不以爲忤。只有那些在國民黨奴化教育下被制約而不自知的黨徒們，才會幼稚得跳腳。

黨化教育拋不開的意識形態

前述陳定南任法務部長時建議若要將「國父」一詞放入法律中，就應依中央法規標準法規定，對「國父」做出定義。結果引起藍營圍剿，當時國民黨發言人吳清基拿出一張一九四〇年（民國二十九年）國民政府的公報訓令，內容是「尊稱總理爲中華民國國父在案」，來證實「國父」於法有據。這是何等幼稚可笑！其一、那是國民黨一黨專政的所謂「訓政時代」的玩意；其二、當時的台灣不在中國轄治下，那個訓令與台灣何干？有台灣主體意識的人，會去拿一個與台灣毫不相干的其他空間的舊訓令做法源依據嗎？像吳清基這樣一個在台灣土生土長的台灣子弟，必須淪落到替一個外來統治集團的遺緒搖旗吶喊，這眞是國民黨「黨化教育」的成功，也是台灣人的悲哀！

所以，當我看到吳清基批評陳定南「連小學公民課本都沒唸好」時，我忍不住大笑，與其說陳定南「連小學公民課本都沒唸好」，不如說是陳定南沒有像吳清基那樣深受國民黨「黨化教育」的影響，而吳清基腦中這套意識形態，正是國民黨在台灣實行黨化教育洗腦成功的典型案例。而今，陳定南已不在，但是受國民黨黨化教育洗腦的人，仍到處可見。

蔣介石的政治盤算

孫文在有生之年不曾被稱爲「國父」，直到他死後，才有人在他的喪禮中以「國父」兩字來悼念他，尊崇他。到了一九四〇年四月，蔣介石主導的國民政府頒佈公報訓令，「尊稱總理爲中華民國國父」。當時是黨政不分的「訓政時期」，以一黨一人之言而號令天下，孫文之所以被奉爲「國父」，其實是蔣介石個人的政治盤算。按蔣介石在國民黨陣營中，原屬「排不上生肖」的後輩豎仔，即使後來被派任爲黃埔軍校校長，也曾在孫文去世的五個月前因數度違抗孫文的命令，而被孫文叱責爲「本其日本士官、保定軍官之一知半解，而全不知世界大勢，不知未來之戰陣爲何物……」。如此一介武夫，後來卻靠著軍權，一路鬥倒汪精衛、胡漢民（這兩人是孫文原本屬意的繼承人）等等黨中前輩大老，最後竄升到權力頂峰。所以，由蔣介石來尊孫文爲「國父」，不僅可以洗刷過去叛逆竄升的歷史，更可以樹立其繼承孫文的「正統」地位。

然而，歷史也眞會作弄人，蔣介石主導的中華民國政府，最後卻敗逃到台灣來，使得原本不屬於中華民國的台灣，最後卻成爲唯一稱呼孫文爲「國父」的所在。

在台灣掛名「中華民國」的蔣政權，不僅要台灣人稱呼孫文爲「國父」，還要將孫文的言行編成

中央常會一致決議
尊稱孫總理爲國父

▲重慶廿八日電　中央以本黨總理孫先生，倡導革命，手創中華民國，更革國體，永奠邦基，謀世界之大同，求國際之平等，光被四表，功高萬世，凡我國民，報本追遠，宜表尊崇，爰經中央常務委員會一致決議，尊稱總理爲中華民國國父，已函由國民政府通令全國，一體遵行矣。

尊稱孫文為國父的報導

「三民主義」、「國父思想」的教材，灌輸給台灣學子，如此做法，除了樹立蔣介石繼承孫文的「正統」地位之外，更以對「中華民國國父」的崇拜，作為台灣人認同「中華民國」的指標之一。

講孫文的小故事，還孫文原貌

被國民黨供上「國父」神龕的孫文，至尊崇高，不可懷疑和批評。記得二〇一〇年八月中有一個「建國百年」基金會在籌拍孫文紀錄片。由於該基金會的執行顧問兼製作人平路曾說孫文是「革命夢想家」、「連列寧都會笑他天真、無知」、「欠缺抽象思考拼裝出建國大綱、三民主義」，結果引起監委周陽山不滿，周陽山搬出糾舉權，要求紀錄片不能「違背史實，否定孫中山」。

周陽山是一位黨國體系下著名的教授，他的出名，在於他和乃父周世輔都是國民黨黨國體制下的著名鼓號手。「國父思想」、「三民主義」是他們「一門忠烈」的招牌。但他們父子對所謂「國父思想」、「三民主義」

的論述，恐怕連孫文再世也會看得霧煞煞。他所膜拜的孫文，其實是被蔣政權供在神龕上，奉爲「法統」、「正朔」的神主牌。

被神格化的孫文，道貌岸然，超凡入聖；實則孫文這個「人」有著放浪不羈的一面。先從以下兩則孫文年少時代的故事說起。

孫文小時候有一次和隔壁一位楊姓小孩出去玩。鄰村來了一名叫「豆腐秀」的人，肩挑瓦鍋在賣油炸豆腐。孫文和楊童一時調皮，躲在竹籬笆後偷窺豆腐秀賣豆腐，豆腐秀竟然舀起一瓢滾燙的油向他們潑去。楊童躲避不及，燙傷大哭。孫文大怒，撿起一塊石頭，往豆腐秀的油鍋飛擲過去，不偏不倚打中瓦鍋，瓦鍋破裂，油漏了一地，孫文一溜煙不知去向。

孫文曾因搗毀北帝廟神像，不見容於翠亨村，遂走避香港。有一次在香港的街道上，他拿著一截黑皮甘蔗，在路上邊走邊啃，看到一位江湖賣藥的人正在路旁向觀眾吹噓其藥何等妙用。孫文不服氣，向他嗆聲質疑，賣藥人惱羞成怒，拿起一塊石頭對孫文厲聲：「你不信我的藥有多靈，我現在用石頭敲你的腿，再用我的藥替你醫治看看！」孫文此時穿著大袖長衫，手上的黑皮甘蔗正藏在袖中。他揚起手臂說：「你看我手上有支黑槍，我也開你一槍，再用你的藥醫治如何？」賣藥人以爲眞槍，一時驚慌失色。

孫文的風流韻事

放浪不羈的孫文，還有不少風流韻事，不輸蔣介石。

二十四歲時，他納十八歲的陳粹芬爲側室；流亡日本時的羅曼史更是多彩繽紛，記得約二十幾年前，媒體喧騰一時孫文有位日本女兒在日本出現；三十六歲時孫文向十四歲的大月熏提親，遭女父拒絕，兩年後正式成親，但未幾即棄之不顧；一九〇〇年孫文來台灣，曾以便條書寫「有婦人否？」相詢於旅館侍者；四十九歲那年，娶好友宋嘉樹的女兒宋慶齡（時年二十二歲），氣得宋嘉樹罵他「不是人」……。孫文曾坦白說，除了革命，世上他最喜愛者有二，一爲書籍，另一爲女人。

不過以上七情六慾、兒女私情，皆屬私領域，或許不必拍入紀錄片。不過孫文曾謊報出生地爲夏威夷，美國移民局起疑而控告他，最後他請兩位友人作僞證，打贏官司，取得美國籍。這段史實，我們該有知的權利吧！試略述如下——

一九八一年，喬治亞大學的 Thomas W. Ganschow 教授研究，證實孫文是正式擁有美國國籍的美國公民。這些資料都可以在美國國家檔案局（National Archives）查到。孫文是以出生在夏威夷爲理由取得美國國籍，時間在一九〇四年三月十四日。孫文在美國公民的申請表中塡寫他是一八七〇年十一月二十四日出生於夏威夷歐胡島上的 Waimano。當然，這是在欺騙美國政府，因爲孫文的眞正出生地是中國廣東省香山縣翠亨村。孫文取得美國國籍之後不久（一九〇四年四月七日），從夏威夷前往舊金山時，引起美國移民局官員的懷疑，結果被扣留在港口的拘留所內接受調查，展開一場美國國籍保衛戰的官司。在官司進行中，孫文聘請律師，並找了親友作證（其實是作僞證），證明他「確實」出生在夏威夷。這場官司最後孫文勝訴，保住了他的美國國籍。

不過對於孫文取得美國籍，我並無苛責之意。要知道，孫文當時從事推翻滿清的革命，是滿清政府通緝的欽命要犯，正亡命海外。因此擁有美國國籍是護身符，方便海外奔走。這如同兩蔣白色恐怖統治時期，許多從事台灣獨立運動或民主運動的人士一樣，遭國民黨政權通緝，列入黑名單，

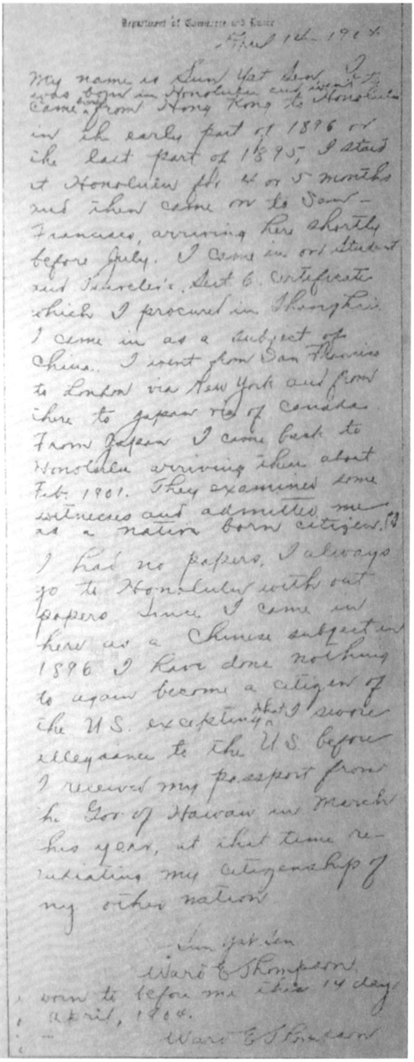

Department of Commerce and Labor

April 14th 1904

My name is Sun Yat Sen. I was born in Honolulu and went to Honolulu. Came from Hong Kong to Honolulu in the early part of 1896 or the last part of 1895, I stayed at Honolulu for 4 or 5 months and then came on to San Francisco, arriving here shortly before July. I came in on Student and Traveler's Sect 6. certificate which I procured in Shanghai. I came in as a subject of China. I went from San Francisco to London via New York and from there to Japan via of Canada. From Japan I came back to Honolulu arriving there about Feb. 1901. They examined some witnesses and admitted me as a native born citizen.

I had no papers. I always go to Honolulu without papers. Since I came in here as a Chinese subject in 1896 I have done nothing to again become a citizen of the U.S. excepting that I swore allegiance to the U.S. before I received my passport from the Gov. of Hawaii in March this year, at that time renunciating my citizenship of my other nation.

Sun Yat Sen

Ward E Thompson

Sworn to before me this 14 day April, 1904.

Ward E Thompson

為了確保美國籍，孫文親筆的英文自白，說明他是出生在夏威夷的美籍華人。

亡命海外，只好申請外國護照以求自保，而利革命事業。（孫文申請美國籍，與馬英九家人拿美國籍、拿綠卡，意義完全不同。馬英九不曾從事民主運動或台灣獨立運動，他不但不是黑名單人物，反而是那個逼得人家亡命海外的專制政權的共犯結構。一九七〇年代初期，他一方面在海外編寫《波士頓通訊》，呼籲反共、效忠中華民國，一方面卻申請美國永久居留權，成爲準美國人，這是腳踏兩條船的表現，與前述孫文及台獨人士不能相提並論。）

國民黨跟不上孫文的腳步

國民黨把孫文供上「國父」神龕，動不動就要「向國父遺像行三鞠躬禮」。有人主張廢此舊儀，他們就暴跳如雷，寢食難安。尤其當蔡丁貴教授一行人將台南市湯德章紀念公園內的孫文銅像扯下之後，藍色媒體、藍色政客，以及「外省掛」的大哥們，立即歇斯底理叫囂。中國國民黨台南市黨部的謝龍介還率衆揚言，若不將「國父銅像」恢復，他們將如何如何！

孫文的銅像被拉扯下來，其實也沒什麼好大驚小怪的。以孫文的標準來看，此事比起孫文青年時代在翠亨村將村民膜拜的北帝廟神像拉扯下來，情節輕多了。

我倒想知道的是，藍色媒體和藍色政客們，對於像湯德章這些無數的台灣社會精英在二二八事件中被殺害，他們怎麼一點都無動於衷，爲何對孫文的銅像被拉下來卻如喪考妣？活生生的無數英靈蒙冤受難，謝龍介們可以長期無感；冰冷的銅像被拉下就抓狂！

其實，他們果眞很了解孫文嗎？說穿了，這群不讀書如謝龍介者流，哪知道眞正的孫文是誰？哪知道孫文提倡過什麼主張？他們只是在中國國民黨的「黨國教育」下接受「黨化」思想，學一些膚淺的口號而已。不僅「孫大砲」反抗威權統治的革命精神，他們沒有，孫文當年的進步思想，他們到現在都還跟不上！

身高不到一百六十公分的孫文，是一個激進份子。以今日國民黨政客集團的頑固保守，對照孫文激進的革命性格，相當不搭調。孫文進步的腳步，不是這群發誓要「厲行總理遺教」的政客所能跟上。不信我隨便舉數例便知。

孫文少年時代有一次和陸皓東出來散步，走到翠亨村的北帝廟，看到許多善男信女正跪在神壇前舉香膜拜磕頭，孫、陸兩人深覺這種迷信有礙國家發展，兩人站到神壇上，將北帝廟神像的手拉扯下來，拿著泥塑的神像的手對信衆曉以大義……。這種激烈的言行，今天，有幾個國民黨黨徒跟得上？不但跟不上，反而助長今天社會上燒香焚紙錢破壞環境的惡習，利用宮廟綁樁買票的劣跡。如果孫文再世，一定起來呼籲打倒！

再例如，孫文主張過新曆新年。早在一九二二年他就說：「人民崇尚舊曆新年，而不注意新曆新年者，是尚未能脫離舊觀念，未能脫離舊思想者也。」又說：「新曆新年爲民國的新年，爲共和國家的新年。舊曆新年爲君主時代的新年，爲專制國家的新年。」今天，有哪個政客敢主張過新曆年，別再過舊曆年？

又例如，孫文主張建立陪審制度。一九二三年，孫文在〈致香港總督歷數滿清政府罪狀並擬訂平治章程請轉商各國贊成書〉時，就明白主張：「大小訟務，仿歐美之法，立陪審人員……」今天司法遭社會詬病，「法院是國民黨開的」俗語流行於民間社會，九十多年前孫文所提倡效法的民主國家的陪審制，仍不為中國國民黨所接受。號稱要維護所謂「國父」銅像的謝龍介們，敢接受你們這樣的「國父思想」嗎？

「國語」篇

「國語」是什麼？顧名思義，當然是指「國家的語言」，但有人問，台灣還不是一個正常的國家，哪來「國語」？

台灣過去迭經外來統治者統治，台灣人的「國語」，總是隨著統治者的變換而變換。

台灣語言簡史

台灣原本是南島語族（Austronesian）的社會，島上的人原本都是「南島語的使用者」（Austronesian-speaking peoples），亦即語言屬於南島語系的族群們。台灣內部的南島語系，是南島語族中最多樣且多元的地方，因此許多學者認爲台灣可能就是南島語最初的誕生地，大約在五、六千年前，以台灣爲起點，開始擴散到今天南島語族的範圍（東至復活島，西至馬達加斯加，南至紐西蘭）。

然而，十七世紀以降，隨著外來族群及外來統治者的移入，台灣的語言開始變化。

LEER-
STUKKEN
TEN GEBRNIKKE DER SCHOOLEN VAN 'T FAVORLANGS' DISTRICT.

I.

'T Gebed onses Heeren Jesu Christi.

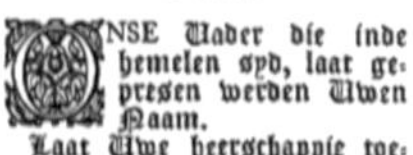

ONSE Vader die inde hemelen zyt, laat gepresen werden Uwen Naam.
Laat Uwe heerschappie toekomen.
Laat Uwen wille achtervolgt werden, gelyk inden hemel, alsoo op der aarden ook.
Geeft ons heden ons genoegsaam brood.
Ende vergeeft ons onse overtredingen, gelyk wy ook vergeven die ons quaad doen.
Laat ons niet versocht werden ende verlost ons van den boosen.
Want U is de heerschappie, ende de kracht, ende de lof, altyd en altoos, Amen.

Het

TUJPONO
ATIL
INOIPATTIL LALLUM ATILLAIJAN O TERNERN.

I.

Ai-ach'o ma-achâchimit ja Torro ta Jesus Christus.

NAmoa tamau tamasea paga de boesum, ipádassa joa naan.
Ipáṣaija joa chachimit o ai.
Ipá-i-jorr'o oa airab maibas de boesum, masini de ta channumma.
Epé-e namono piadai torro uppo ma-atsikap.
Şo-o abó-e namo tataap o kakossi namoa, maibas channumma namo mabo tamasea parapies i namo.
Hai pásabas i namo, şo-o barras'i namo innai rapies ai.
Inau joa micho chachimit o ai, şo-o barr'o ai, şo-o adas ai, taulaulan, Amen.

Autat

虎尾壟（Favorlang）語聖經

Cap. j. fol: 1

Het H. Euangelium
na [de beschrijvinge]
MATTHEI.
Het eerste Capittel.

1 HET Boeck des Geslachtes JESU CHRISTI, des soons Davids / des soons Abrahams.
2 Abraham gewan Isaac. ende Isaac gewan Jacob. ende Jacob ghewan Judam / ende sijne broeders.
3 Ende Judas ghewan Phares ende Zara by Thamar. ende Phares ghewan Esrom. ende Esrom gewan Aram.
4 Ende Aram gewan Aminadab. ende Aminadab gewan Naasson. ende Naasson gewan Salmon.
5 Ende Salmon ghewan Boöz by Rachab. ende Boöz gewan Obed by Ruth. ende Obed ghewan Jesse.
6 Ende Jesse ghewan David den Koningh. ende David de Koningh gewan Salomon by de ghene die Urias

Hagnau ka D'lligh
Matiktik ka na sasoulat ti
MATTHEUS.
Naunamou ki lbægh ki soulat.

1 SOulat ki kavouytan ti JEZUS CHRISTUS, ka na alak ti David, ka na alak ti Abraham.
2 Ti Abraham ta ni-pou-alak ti Isaac-an. ti Isaac ta ni-pou-alak ti Jakob-an. ti Jacob ta ni-pou-alak ti Juda-an, ki tæ'i-a-papar'appa tyn-da.
3 Ti Judas ta ni-pou-alak na Fares-an na Zara-an-appa p'ouh-koua ti Thamar-an. Ti Fares ta ni-pou-alak ti Esrom-an. Ti Esrom ta ni-pou-alak ti Aram-an.
4 Ti Aram ta ni-pou-alak ti Aminadab-an. Ti Aminadab ta ni-pou-alak ti Naasson-an. Ti Naasson ta ni-pou-alak ti Salmon-an.
5 Ti Salmon ta ni-pou-alak na Boös-an p'ouh-koua ti Rachab-an. Ti Boös ta ni-pou-alak na Obed-an p'ouh-koua ti Ruth-an. Ti Obed ta ni-pou-alak ti Jesse-an.
6 Ti Jesse ta ni-pou-alak ti David-an ka na Mei-sasou ka Si bavau. Ti David ka na Mei-sasou ta ni-pou-alak ti Salomon-an p'ouh-

A koua

CHAP. I. (1) THE book of the generation of Jesus Christ, the son of David, the son of Abraham. (2) Abraham begat Isaac; and Isaac begat Jacob; and Jacob begat Judas and his brethren; (3) and Judas begat Phares and Zara of Thamar; and Phares begat Esrom; and Esrom begat Aram; (4) and Aram begat Aminadab; and Aminadab begat Naasson; and Naasson begat Salmon; (5) and Salmon begat Boos of Rachab; and Boos begat Obed of Ruth; and Obed begat Jesse; (6) and Jesse begat David the king; and David the king begat

A

新港文（右）與荷蘭文對照的〈馬太福音〉內文首頁

台灣第一個外來統治政權，始於一六二四年的荷蘭。荷蘭人進入南台灣，是平埔族西拉雅人的範圍；荷蘭人為了傳教方便，用羅馬字（拉丁字）拼西拉雅語，將《聖經》、〈十戒〉等基督教經典，翻譯成西拉雅語的羅馬拼音文字，盛行於當時的新港社，是為「新港文書」。這種文字使用了長達一百五十年之久，才被後來從中國閩南來的漢文化侵滅。

此外，荷蘭時代在台灣中西部平原雲林縣轄境，新、舊虎尾溪之間及彰化等區域，以「虎尾壠（Favorlang）語」為通行語言。

荷蘭人在此傳教，設傳教學校，使用虎尾壟語宣教，也出現虎尾壟語的拼音文字。

西班牙人在北台灣殖民統治達十六年。一六三一年，傳教士Jatint Esquival在淡水努力學習當地語言，數月間編成《台灣島淡水語辭彙》（Vocabulario de la lengua de los Indios Tanchui en la Isla Hermosa），所謂「淡水語」，當然是凱達格蘭語。此外，他又用羅馬拼音字，寫了一本可以用凱達格蘭人的語言讀懂的《台灣島淡水語基督教理》（Doctrina Cristiana en la lengua de los Indios Tanchui en la Hermosa）。可惜，這兩本書至今都已散佚。一六三五年之後，西班牙勢力進入蘭陽平原，傳教士進入傳教，替噶瑪蘭人受洗，傳教士也以羅馬拼音的噶瑪蘭語撰寫語彙及天主教教義書。（詳見方豪，《台灣早期史綱》）

以上兩個外來政權，沒有消滅本地語言，反而替原本沒有文字的南島語族，創造了文字。

一六六二年，鄭氏東寧政權在台南建立後，實施儒家化的政策，一六六六年完成孔廟（稱爲「聖廟」）的興建，並於其旁設立學校，稱爲「明倫堂」，更進一步引進中國的科舉制度。這套儒家化的措施，使得新港文與平埔族母語開始受到威脅。但因鄭氏政權管轄範圍有限，政權維持也不長（共二十二年），所以平埔族語文沒有被全面摧殘。

到了滿清帝國時代，特別是十八世紀中葉以後，來自閩粵的移民日增，平埔族語文更加受到漢語族文化的衝擊；加以滿清政府透過官方的政策，實施對平埔族的漢化（甚至儒化）措施，其中「社學」的設立，用來「教化」原住民平埔族孩童，是造成對平埔族語文最大的威脅。從一六八六年（康熙二十五年）在西拉雅族的四大社（新港社、目加溜灣社、蕭壠社、麻豆社）設立「社學」起，到了乾隆年間，各廳縣爲平埔族所設的社學，已達五十一所。當時社學所讀的科目有《三字經》、《四書》等。在荷蘭時代「鵝筒慣寫紅夷字」的平埔族孩童，在上過社學之後，開始「琅琅音韻頌關雎」了，自己的母語也因此流失。當時的社學老師，多爲閩南人，以閩南語發音爲主要；來自閩南的移民，當然也以閩南語流通，而少部分粵籍移民則帶入客語；因此，十八世紀中期以後的台灣社會（高山族原住民區域以外），逐漸全面閩南化或客化。平埔族的母語逐漸消失，取而代之的，閩南話與客家話成爲台灣本地人的母語。

一八九五年日本領台，日本殖民統治下的語言政策，固然以推廣「國語」（即日語）爲主要（起先在各地設立「國語傳習所」，作爲後來各地改設「公學校」的基礎），但是日本殖民統治的前半期，並沒有對本地的母語採壓制措施，仍然尊重台灣人的母語，甚至鼓勵當時來台灣的警察學習台灣話，以利和台灣民衆溝通，怪不得後來有幾部台語詞典，都是由退休警察編著（詳見潘爲欣，〈日治時期警察台語教材中的思想觀念〉）。台北師範學校的甲科學生（日本人學生），都還有「台灣話」課程；而師範學校的乙科學生（台籍學生），也設有「漢文」科目，聘請台灣本地的漢學家，以閩南語教學。著名的漢學家劉克明，就是早期在台北師範學校擔任漢文課程的教師。

《語苑》是日治時期為了讓警務人員學習「台語」的一份雜誌，從一九〇八年四月到一九四一年為止，維持了三十四年。雜誌的發行兼編輯者是當時總督府高等法院所設立的「台灣語通信研究會」。

而在一九三六年以前，

台灣的報紙大部分都有「漢文版」與「日文版」對照。即使是官方的報紙，如《台灣日日新報》、《台南新報》……，都可以看到漢文版的新聞。直到一九三七年中日戰爭爆發，進入「皇民化」時期，大力推行「國語運動」，

才開始全面壓制台灣人的本地語言，不僅報紙的漢文版全面停止，在學校裡面也禁止學生講本地母語。

○扒龍船民謠の一例

一、扒龍船

頂港下港扒龍船
青蒲紫蓼滿中洲
波渺々
水悠々
長奉君王萬々秋

二、端午節（童謠）

龍船龍船作眞長
食粽搵白糖
糖甜々粽參[illegible]
粽食終庭澗々
洗浴來飲午時水
洗香々掛香芳
各位來看扒龍船

日治時期的台語教材（秋惠文庫提供）

日治時期國語常用告示牌

日治時期國語常用推廣民眾大會

二戰結束，國民政府於一九四五年十月接管台灣後，隨即於隔月派員來台準備籌設「台灣省國語推行委員會」。一九四六年四月二日正式成立之後，首先頒佈標準「國音」，同時於

各縣市設立「國語推行所」、講習班，積極推展國語運動。台灣人又被賦予新的「國語」。

陳儀一到台灣之後，即以台灣人不懂國語、國文爲由，排斥台灣人，許多台灣知識份子因此被拒於公職之外。所以，當時的省參議員郭國基，要求政府要登用本省人材，「絕不容以台胞不解國語國文爲理由，拒絕登用台省人，此種看法不僅無理由，且侮辱台胞無過於此」。

國民政府認爲台灣受日本「奴化」甚深，對「祖國」文化不了解，所以要積極清除台灣社會的日本色彩。透過「國語」的學習，以便了解中國文化。令人啼笑皆非的是，台灣的鶴佬話（福佬話）、客家話，與被列爲「國語」的北京語，同屬漢語系。日本人禁止這些漢語系語言，目的是要清除台灣人的漢民族意識，沒想到中國政府來了之後，竟然也以禁止這些漢語系語言來清除日本思想，簡直荒謬絕倫，愚蠢至極。

在推行「國語」政策的過程中，重要機制之一是透過教育體系，尤其以師範教育爲首要。行政長官公署於一九四六年三月二十五日頒佈的「台灣省三十五學年度小學教員暑期訓練實施辦法」中規定，國語、國文、歷史

五〇、六〇年代學校裡到處是推行國語的標語

不及格者，即取消其任教資格（但是如果國語文及格，其他科不及格，而平均及格者，仍發給結業證書）。自一九四九年起，省教育廳實施師範學校國語國文畢業統考。一九五一年七月十日，教育廳令各級學校應以「國語」教學，嚴禁「方言」，教師和學生之間談話都必須用「國語」。聘請教員時，應考慮其「國語」程度，如「國語」程度太差者，不予聘用。此後，更三令五申，強調此項政策。一九五二年十一月二十八日有「台灣省

國民學校加強國語教育辦法」，責成校長監督、考核之責；一九六三年七月二十二日教育廳再頒「台灣省公私立小學加強推行國語注意事項」，此一命令，最重要在於推行國語成爲校長考核教師年終考績之一，而學生說不說「國語」，也影響到其操行成績。操行本是關乎品德，但是使用什麼語言竟然扯到品德來，實在荒唐！

「國語」政策是文化摧殘政策

在「定於一尊」的語言教育政策下，台灣本地的語言，不論是福佬話（俗稱「台語」，或稱「閩南話」、「台灣閩南語」、「鶴佬話」、「河洛語」等）、客家話，或原住民族語言，都受到極度的歧視。大約在五〇、六〇年代間，本地學生在學校如果說自己的母語，往往要受到各種處罰（或打嘴巴，或罰跪，或罰錢……不一而足），備受屈辱。學生長期接受這種歧視的語言教育，久而久之，產生巴夫洛夫式的古典制約反應，對自己的母語也會習慣性地自我歧視，自認爲說自己的母語是一件鄙俗的事。

台灣住民的母語，在經過日本「皇民化」運動的摧殘之後，得不到將養恢復的生機，立刻又受到中國國民黨語言霸權政策的再度摧殘。可悲的台灣人，在日本時代，日本人要他們以日語爲「國語」；國民黨來了，要他們以「北京語」爲「國語」。台灣人的「國語」，隨著統治者的轉變而變換，自己的母語卻在這些外來的「國語」霸權下枯萎。聯合國的教育科學文化組織（簡稱UNESCO）已經將台灣列入母語瀕臨滅絕區。我預估大約到了二〇三〇年代，台灣本地的各母語，不論是客語、福佬語或各南島語，勢必絕滅。

教育有一項重要的任務，就是文化的傳承與更新。語言是文化的重要內容，消滅語言，就是在摧折文化。「教育」淪落到摧折文化，那就不是教育，而是「反教育」了！

奴性助長母語的滅絕

同樣作爲殖民地的香港，他的語言狀況可與台灣一比。香港被異族的英國統治了一百五十幾年，香港人的廣東話依然順暢通行，毫無流失；台灣被號稱「祖國」的中國國民黨統治五十幾年，台灣人的下一代已經不太會說台灣本地的母語了。爲什麼會這樣？

新加坡稱北京話為「華語」，這是他們中小學的「華文」課本。不像台灣將北京話定於一尊稱「國語」、「國文」。

答案很多，但其中與台灣人的奴性可能有關。三、四百年的台灣歷史中，外來統治者更迭變換頻繁，前後插過七面國旗（或代表統治政權的旗子）。由於一再接受外來統治政權的宰制，使得台灣人喪失當家做主的主體意識，而習慣聽任安排。萬一有人憤而起來反抗外來統治者，則經常會出現另外一群人出來破壞阻擾，成爲統治者心目中「深明大義」的「義民」。語言的問題正是這種現象的縮影。台灣人的國語，總是隨著統治者的變換而變換，日本人來了，以日語爲國語，台灣人就拚命講「國語」，以講「國語」爲高尙，還視那些不會講、不願講的人沒水準；中國國民黨來了，以北京官話爲國語，在推行「國語」的政策下，台灣人又拚命學「國語」、講「國語」，同樣視那些不會講不願講「國語」的人沒水準。這些看輕自己母語而自認爲高尙的人，其實是充滿著奴才性格。這些自認爲高尙的奴才，在聽到自己族人沒有說「國語」，還會出面指責別人的不是，當起「義民」來。

外來統治者以其語言訂爲國語，貶抑其他族群的語言，這是典型殖民者的霸權心態。霸權如果碰到不買他帳的人，就霸不起來，但如果碰到奴才順民，就一拍即合。過去統治者的國語政策之所以能夠順利進行，本地母語之所以容易被消滅而流失，其中原因之一，正如同「被虐待狂」與「虐待狂」的配合一樣。

爲了溝通的方便，我不反對以華人社會流通的北京話（新加坡稱「華語」，中國稱「普通話」）作爲共通語（詳後），但它不該被獨尊爲「國語」，台灣內部所有族群所使用的語言，都應該是台灣這個國家的國語。

台灣人需要一個現代國家，但不需要霸權與奴才配合的「國語」。

福佬話（所謂「台語」）沒有水準嗎？

藝人謝忻（因《綜藝大集合》累積出知名度，被封爲「外景小公主」）有一次在地下街逛街時，一名發送保養品牌試用品的女性問她要不要試用包，謝忻以台語回應「無要緊，我物件真濟都用未完」，不料對方竟然對她說：「妳長得這麼漂亮，不要講台語。」謝忻氣到一秒轉頭，語帶怒意反問：「爲什麼長得漂亮不能說台語？」見對方尷尬語塞，謝忻再用台語反問一次「係安怎我毋使講台語」？謝忻在她的臉書有感而發：「**『講台語等於不美麗』的意識形態是否已經深植在大家的心中？不管再怎麼努力推廣什麼在地文化，母語教學，台語都無法被優雅的扭轉，是不是？**」（二〇一七．十二．二十二新聞）謝忻被酸的遭遇，是過去國民黨語言歧視的「教育」的惡果。這位歧視自己母語的推銷員，正是我前述的「奴性」的表現。這種歧視台灣母語的惡例，只是一個抽樣代表，至今仍到處可見。

只要稍具一點語言學常識的人，應該了解，今天的福佬話（所謂「台語」），以及流行於中國閩南的閩南語）、客家話和北京話，其實都屬同一語系「漢語系」，它們之間實在沒有互相排斥、歧視的道理。它們不僅文法幾乎相同，也共同使用漢字。每一個漢字都可以用閩南語（或客家話）讀出來。甚至有許多字的讀音近似得難以分辨，不信的話，請試試讀以下這個句子：「泰山跳愛河」，看看到底你是唸福佬話（台語、閩南語），還是北京話？簡直分不出來。如果有興趣，不妨再分別以北京話和福佬話讀讀以下語句：「來賓代表在海濱團拜」、「蕭和太太愛煮菜」、「料理公款公私分明」、「新婚春風如意」、「阿里山郵差」、「海關資料公開」、「民主自由先進」……這些詞句，除了音調些微差異之外，實在近似得很。我們實在看不出同屬漢語系的語言，彼此有必要非拚得你死我活不可。

特別我們要鄭重向那些瞧不起福佬話（閩南話）的人提出嚴正說明，福佬話不僅不是次等語言，相反地，閩南話的優雅與韻味，絕不下於北京話，尤其它保留的中原古音，更是北京話所望塵莫及。當您用北京話朗誦古詩「**豪氣於今尚未除，難將壯志付樵漁**」，或吟唱王之渙的詩句「**黃河遠上白雲間，一片孤城萬仞山**」而感覺不出其韻味時，改口用閩南語吟唱看看，韻味立刻上口。爲什麼中文系裡面，只懂普通話而不懂閩南話或客家話的學生，在修習聲韻學時會比較吃力，而懂得閩南話或客家話的人則比較得心應手，其道理應是不言可喻了。所以，一味歧視北京話之外的其他漢語系語言，不僅專制霸道，也是對歷史語言文化的愚昧無知。

對待語言的態度是族群和諧的指標

台灣內部族群之間的問題，背後有著極明顯的語言糾葛，這個糾葛，如果不能獲得紓解，族群問題也勢必繼續存在。台灣應該是一個多語多族、語言一律平等的國家，沒有任何一種語言必須高人一等。在這個多語多族的社會裡，對待語言的心態，可以用來測試這個社會能不能族群和諧。能夠看重自己的母語，也能尊重別人的母語，這個社會才有和諧可言。

所以，以下這個問題，可以作爲檢驗族群能否和諧的簡易方法：「當你聽到有人講著跟你不同的母語時，你會不會覺得厭煩而在心中加以排斥？」例如，你如果是習慣講北京話的人，聽到別人講客家話或福佬話，或是原住民語言時，會不會不高興？相反地，你如果是習慣講福佬話、客家話或原住民語言的人，在聽到別人講北京話時，是不是也會不高興？如果答案是否定的，也就是你在聽到不同的語言時，不會排斥，那麼你當然是一個能夠促進族群和諧的人。

前已述及，福佬語（俗稱「台語」）、客語，以及北京話，都屬漢語系統，不僅不該相互排斥，更應該相輔相成。它們相對於原住民的南島語系而言，都是外來的，無須爭台灣正統；眞正最老牌的台灣話，則是原住民族的南島語系，它們是台灣文化極重要的內涵，更應予尊重保存。所以，當大家在聽到不同的母語時，如果都能相互尊重，自尊而尊人，則族群和諧才有落實的可能。總之，語言問題考驗族群融合。肯定自己的語言，尊重不同的語言，這是族群和諧的第一步。如果這一步達不到，族群和諧只是空談！

建立多語的國家

隨著社會流動及族群間的交融，今天台灣社會上許多人已是雙聲帶，甚至是三聲帶、多聲帶。而言談中又往往參差夾雜著兩種或兩種以上的話在進行，非常順口而且自然。過去影視界常常有所謂「國語片」、「台語片」或「閩南語連續劇」的稱謂，現在這種語言單一的片子，已經不符合台灣的社會事實了。如果有一部片子標榜是「寫實片」，但又同時號稱是「國語片」或「台語片」，那是自相矛盾，一點都不「寫實」。因爲在現實的社會中不僅呈現多語現象，即使同一個人的談話，也沒有純粹的「國語」或純粹的「台語」。這種現象是好的，因爲，一來它顯示了族群間融合交流的結果；二來，語言本來就不可能是一成不變的，語言與語言之間會互相吸收，互相壯大，讓彼此更豐富，有助於文化內涵的充實。

不僅同爲漢語系的閩南語、客家語、北京語應該共存共榮，就是漢語系之外的原住民的南島語系，也應該有生存進而發揚的空間。我們要有一個起碼的觀念：一個社會中的任何語言，都是該社會的文化財產，我們沒有藉口任何理由來消滅任何文化財產的權利。

一個多語並行的社會，顯示該社會的開放；而在一個多語社會中具備多語能力的人愈多，那個社會的族群融合度也會愈高，而且人民透過多語的

學習，可以腦力激盪，提高素質，激發文化的精進。因爲語言的學習，也是文化的學習。

台灣如果要建立一個多元、和諧的社會、國家，過去語言歧視的專制霸道心態，必須放棄。至於雙語教育、多語教育的推行，那就更不在話下了。

從一首歌看「語言」與「國家」觀念的混淆

近幾年世界上學華語華文的人開始多起來，結果台灣竟然有藝人因此「感動」得編歌作曲，寫了一首叫作「中國話」的歌來歌頌中國。

請看這首〈中國話〉的歌詞，前頭這樣唱：「……倫敦瑪莉蓮，買了件旗袍送媽媽，莫斯科的夫司基，愛上牛肉麵疙瘩，各種顏色的皮膚，各種顏色的頭髮，嘴裡唸的說的開始流行中國話……」中國境內有五十多個民族，語言互異，除了受侵略而被佔領的西藏、東土耳其斯坦（「新疆」）等地的語言除外，所有的話都應該是中國話。作者卻將現在世界上在學習的華文華語（即北京官話，中國稱「普通話」，新加坡稱「華語」，台灣稱「國語」，英文叫mandarin），獨尊爲「中國話」，委實霸道了一點！（其他民族的語言如果不是中國話，那麼讓他們從中國獨立出來如何？）

接下來歌詞更肉麻了：「**多少年我們苦練英文發音和文法，這幾年換他們捲著舌頭學平上去入的變化，平平仄仄平平仄，好聰明的中國人，好優美的中國話……**」

使用華語華文的國家，並不只有中華人民共和國，其他像台灣、新加坡、馬來西亞、印尼，也都有衆多華人使用華語華文。爲何世界上有人學華語，就要歌頌「好聰明的中國人」？美國從英國獨立出來，照樣講英語。現在全世界都在學英語，美國人會不會因此歌頌「好聰明的英國人」？使用英語的國家如加拿大、澳洲、紐西蘭，他們會不會因爲許多人學英語，就歌頌「好聰明的英國人」？台灣並非中華人民共和國的一省，爲何人家學華語，我們就要歌頌中國？到現在他們還搞不清楚語言與國家的不同。

歌詞再看下來：「**全世界都在學中國話，孔夫子的話，越來越國際**

化……」

簡直不知所云，竟然扯到孔子的話？今天世界上所學習的華語華文，其實是以北京話爲基調，那是混雜了相當多的中國北方胡語，與孔子所講的話，已有一段距離。北京話英文稱爲mandarin，即「滿大人」的發音。「滿大人」者，孔子心目中「披髮左衽」的「蠻貊之邦」也。

最令人驚訝的是，歌詞最後說：「**全世界都在講中國話，我們說的話，讓世界都認真聽話……**」好大的口氣，只因爲人家學了一下華文，就要世界都「認眞聽話」，充滿老大口吻。中國三千年來，不都是這種老大的霸權心態，要週邊的夷狄聽話臣服，才成就其所謂「泱泱大國」嗎？今天對於不接受其「統一」的台灣，還以飛彈威脅恫嚇。這種要人家聽話的霸權國家，台灣還有人歌頌「好聽明」，簡直自我作賤，無知又傲慢！

這種無知、傲慢，卻充滿著政治意識形態的歌曲，經輿論反應之後，作者不思反省，卻反而在網路上罵人「政治化」。到底誰政治化了？我們試看施姓作者的一段反駁的話，正好自己露了底，他說：「**在內地拍MV時可**

以給記者拍赤腳的畫面，但是回到台灣錄節目就不肯給拍……」他竟然稱呼中華人民共和國爲「內地」，這不夠政治化嗎？莫非台灣是中華人民共和國的殖民地或邊疆？否則爲何稱他們內地呢？日治時代台灣稱日本爲內地，現在稱中國爲內地，自己一點國格都沒有，老是當人家的殖民地或邊陲？這位作賤台灣的作者，還粗魯地叫囂：「政客們與政治打手們，滾開，別擋住我寫歌！」在自由的台灣要寫幼稚無知的歌，沒人擋他；但要媚敵辱台，我們才應該叫他滾開！

「台語」不該是檢驗台獨的標準

過去由於國民黨的語言歧視政策，獨尊北京話爲「國語」，而壓制其他語言，造成對其他母語的歧視和侮辱，這是族群和諧的極大障礙。反之，我們要在地化、本土化，也不是要反過來獨尊所謂「台語」，壓制北京話。獨尊北京話爲「國語」，而壓制其他語言，和獨尊福佬話（閩南語）而排斥其他的語言，都同樣患著相當強烈的語言歧視和專制獨斷的心態。

我們常常在許多本土派團體的集會中，遇到許多人要求講「台語」。萬一有人用北京話發言時，台下偶爾有人會喊著「用台語啦！用台語啦！」。有一次李永熾教授演講時，先向觀眾道歉說：「很抱歉！我是客家人，我不會講台語，我如果講客家話恐怕很多人聽不懂，所以我只能用北京話發言，很抱歉！」我在場立刻回應：「不會講台語何必道歉？講什麼話都不必道歉！」

這種要求講「台語」的反應，也許是出於長期遭受國民黨語言壓迫的反射，但是如果持平理性思考，獨尊一語的態度，絕非台灣建立現代國家的理想。

把獨立建國的問題拘泥在語言上面，是鑽牛角尖，直到現在，還有少數人把講「台語」看成爲是否主張台灣獨立的標準。也難怪藍營統媒要渲染「一旦台灣獨立，外省人就不可以講國語」（絕大部分的台獨主張者絕不會有這種偏執，本書的寫作行文，就是以「華文」（北京話文）在進行的，當然每個字都可以讀成台語音）。

不會講「台語」，就不可以主張台灣獨立嗎？台灣要建國就只能使用所謂「台語」嗎？其然乎？像阮銘、林保華、金恆煒、曹長青等人不懂「台語」（應說「台灣閩南語」），但都堅定支持台獨；而像王曉波一口流利「台語」，卻是敵視台獨，心向中華人民共和國。將獨立建國拘泥於單一語言，無異是排斥其他語族參加獨立建國，把台灣獨立建國之路，逼入一條窄路，永無成功之日。

「自己的國家自己救」，這句話都可以用北京話（華語）、福佬話、客家話，以及各南島語，不卑不亢地大聲喊出！

走筆至此，我又忍不住擔心起來，本文前面在講到所謂「台語」時，又以括號（）附加幾個補充名詞，包括「閩南語」、「台灣閩南語」、「福佬語」、「鶴佬話」、「河洛語」，我使用這些名詞，是因為在許多語意脈絡上被視為同義詞。但我知道我一定又要遭部分「台語」學界的朋友詬罵。他們會舉許多用詞與發音的不同，來強調「台語」不是「閩南語」。然而，語言學的區隔應該不是這樣看的。沒有人會舉美國人、澳洲人所講的英語的部分發音或用字與英國人不同，來認定美國人、澳洲人講的不是英語。

即使把美國人說的英語稱爲「美語」，它還是英語，頂多更週延地形容爲「美式英語」（American English）。所以所謂的「台語」，稱爲「台灣閩南語」，也是恰恰剛好而已。至於稱「福佬語」、「河洛語」是否恰當，可以再商榷，我不堅持。

再者，值得一提的是，所謂「閩南語」的「閩」，是中國福建省的簡稱，但是追溯原始字源，門內有一隻虫的「閩」字，是過去中原漢族視其週邊民族皆爲鳥獸蟲蟻的「蠻貊」之邦的歧視字眼。所以基於這個理由，「閩南語」一詞不爲許多台語學界人士所樂用，當可理解。不過，「閩」字作爲中國福建省的簡稱已歷有年所，也已約定俗成，習以爲常，今人概已不刻意其原始意義。

新加坡不稱「閩南語」，而稱「福建話」。但問題是福建的話很多種，何獨福建南部的所謂「閩南語」才稱「福建話」？

英文稱Amoy、Amoian，則譯自「廈門話」一詞，但我們若稱「廈門話」，則恐怕慣稱「台灣話」的人又要跳腳！有一位台南人到廈門，和當地人聊天，聽到當地廈門人的口音，台南人對廈門人說：「你講的台語和我們台南市的腔眞像。」不料那位廈門人回答：「我沒有講台語，我是在講廈門話。」

台灣仍需要有共通語

話說到這裡，或許有人會反問，尊重各族群的母語固然應該，然而台灣各族群之間難道不該有一個「共通語」以利彼此的溝通嗎？誠然這是一個當前必須面對的問題。設想現在有一個會議正要進行，與會人員包括講客家話、福佬話、北京語，以及原住民族各族語言的人士，如果大家都說要發揚母語，也要求他族尊重其母語，結果大家各說各話，這個會議勢必癱瘓，所以共通語有其必要性。

問題是用何種語言作為共通語對大家較合理而有利？我個人認為以現行的所謂「國語」（即北京話，或稱「官北語」，中國稱「普通話」、新加坡稱「華語」）作為會議共通語，可能較為合適可行。理由如下——

一、台灣作為一個華人國家，其與同為華人國家的中國、新加坡的關係，不僅不可能斷絕，而且今後應該更加密切。在華人的社會中，北京話是不可或缺的語言。

二、台灣要走入世界的同時，也要世界走入台灣。我們要世界走入台灣，不可能要求外國人學習八音的閩南語，而不學四音的中國官北語。前者難度高於後者，而且在世界上的普遍度也比後者低。

三、這近達半世紀來，所謂的「國語」已在台灣島上相當流行。會說北京話的人已佔多數，新生的一代幾乎無人不會講。

四、福佬系族群雖然在台灣佔最多數，但是如果這個最多數的族群不堅持以自己的母語爲共通語，正足以顯示其尊重少數族群的寬宏大量，對於化解族群衝突有示範的意義；對族群關係，有安定的作用，而且那些「一旦台灣獨立，外省人就不可以講國語」的惡意宣傳，也可不攻自破。

總之，解決語言問題，才能化解族群衝突，也才能建立多語國家，豐富多元文化。

結語

二〇一八年三月，中國「全國人民代表大會」表決通過廢除國家主席任期的修憲案，舉世取笑的「習帝制」於焉產生。本來，沒有經由民選的所謂「全國人民代表大會」本身就是一個反民主的笑話，現在再經由這個沒有民意基礎的笑話去推動「習帝制」，把專制的中國更加推到極權政治的頂峰。這個原本被世界人權組織「自由之家」（Freedom House）列爲「不自由國家」（二〇一七年的自由度只有十五分）的中國，現在要民主化的機會顯然更加渺茫了！看在自由度九十三分的台灣人眼裡，要和這樣的專制極權的中國「統一」，等於是要放棄民主的生活、放棄基本的自由人權。

因此，爲了維護我們的民主自由人權，就必須維護台灣的獨立主權。台灣儘管自一九四九年中華人民共和國開國以來，一直在中國之外獨立生存，但是「事實獨立」的台灣，畢竟不是一個正常的獨立國家。她是以一九四九年底「已經滅亡」（蔣介石語）的中華民國的流亡形式與體制延續至今，被學者稱爲「遷佔者國家」（Settler State）。本書所討論的「國慶」、「國歌」、「國旗」、「國號」、「國軍」、「國父」、「國語」等等現象，就是在呈現並思考台灣的國家現象的癥結。

在中國民主化的契機更加渺茫，而中國謀我日亟、威逼更殷的今天，台灣的獨立生存不能不面對。

我們是否應該繼續苟延「不正常的獨立國家」？還是要邁向正常的獨立國家？

我們對於代表著流亡符號的「國慶」、「國號」、「國旗」、「國歌」……，是否應該有所檢討而思變革？

若要變革，該怎麼變革？是要全盤改變呢？還是選擇性地局部改變？或在現有的既成基礎上修改？質言之，「中華民國」是否應該全盤否定、全盤棄絕？抑或讓「中華民國」在地化、本土化、台灣化？

這些問題，本書透過歷史與現狀，雖有所論列，但沒有肯定和絕對的答案。這些答案，只有由全體台灣住民透過公決才能解答。

國家圖書館出版品預行編目（CIP）資料

台灣之「國」 / 李筱峰著. -- 第一版. -- 臺北市：玉山社, 2018.10
面； 公分
ISBN 978-986-294-217-8(平裝)

1. 臺灣問題 2. 言論集

573.07 107015892

台灣之「國」

作　　者／李筱峰
發 行 人／魏淑貞
出 版 者／玉山社出版事業股份有限公司
臺北市 106 仁愛路四段 145 號 3 樓之 2
電話／ (02) 27753736
傳真／ (02) 27753776
電子郵件地址／ tipi395@ms19.hinet.net
玉山社網站網址／ http://www.tipi.com.tw
郵撥／ 18599799 玉山社出版事業股份有限公司

副總編輯・責任編輯／蔡明雲
封面設計／黃聖文
行銷企畫／侯欣妘
業務行政／林欣怡

法律顧問／魏千峰律師

定價：新臺幣 350 元
第一版第一刷：2018 年 10 月

版權所有 ・ 翻印必究　　※ 缺頁或破損的書請寄回更換 ※